中 国 知 网 全 文 收 录 辑 刊
劳动经济学会会刊 | 智联招聘品牌所有

CHO® 首席人才官

商 业 与 管 理 评 论

（第十辑）智联招聘 主编

中国财富出版社

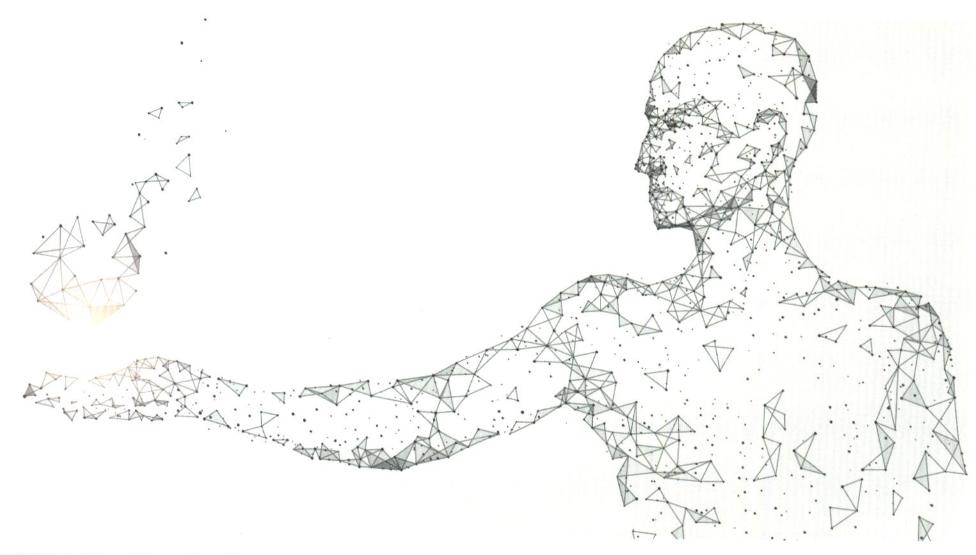

图书在版编目（CIP）数据

首席人才官商业与管理评论. 第十辑 / 智联招聘主编. — 北京：中国财富出版社，2019.4

ISBN 978-7-5047-6887-2

I. ①首… II. ①智… III. ①企业管理－人才－招聘－丛刊 IV. ①F272.92-55

中国版本图书馆CIP数据核字（2019）第065675号

策划编辑	李　晗	**责任编辑**	邢有涛　李　晗	**责任发行**	敬　东
责任印制	尚立业	**责任校对**	杨小静	**装帧设计**	张　娟

出版发行	中国财富出版社		
社　　址	北京市丰台区南四环西路188号5区20楼	邮政编码	100070
电　　话	010-52227588转2048/2028（发行部）		010-52227588转321（总编室）
	010-52227588转100（读者服务部）		010-52227588转305（质检部）
网　　址	http://www.cfpress.com.cn		
经　　销	新华书店		
印　　刷	北京柏力行彩印有限公司		
书　　号	ISBN 978-7-5047-6887-2/F·3010		
开　　本	889mm×1194mm　1/16	版　　次	2019年4月第1版
印　　张	7.5	印　　次	2019年4月第1次印刷
字　　数	243千字	定　　价	39.00元

2019，迎接数字化时代

从 20 世纪 90 年代中期开始，中国用一代人的时间实现了互联网化。互联网带给我们的，不只是互联网产业的繁荣、电子商务的兴旺和传统实业的二次生机，也带来了思想观念的深刻变化。我们的视角更加多元、思维更加开放、心态更加包容，我们也更具有自由的精神和创新的活力。这为我们进入下一个更加丰裕和变幻的时代，奠定了基础。

如今，互联网已走向它的下半场，借着大数据、人工智能、物联网、云计算、5G 通信等新兴技术，向着更广泛、更深入和更具革命性的层面发展。由它所揭开序幕的数字化大时代已经重装上阵，迎面而来。

历史上，每一次颠覆性的技术革命，都同时是一场认知和思想的革命，以及组织和生产的革命。就像农业时代产生了亚细亚生产方式，大工业时代诞生了科层制和流水线作业，互联网时代出现了平台型组织、电商和分享经济模式一样，数字化时代，也一定有其独特的存在和特性。对于人力资源管理来说，也许最重要的，就是以数字化时代的思维，重构组织和人。

不同于基于大数据进行精准管理的数据化思维，数字化时代的思维模式有着更为丰富和深广的内涵，它意味着打破一切固有的禁忌和旧的藩篱，充分连接、无界交互、融合共生，以一种场态和生态系的方式存在。因此，企业组织建构的逻辑将发生深刻的变化。组织不再是封闭的而是开放的，不再是稳定的而是动态的，组织设计的出发点不再是职能或流程，而是运营人才或赋能、使能于人。

至于人，在数字化时代将成为中心的存在。数字时代信息无界、知识透明，唯有人的创造、创新能力可以成为核心的生产力。因此，人成为真正的人力资本，可以参与价值创造的博弈。企业和人的关系因此重构，成为平等、合作的价值共创、共享伙伴。而通过愿景驱动，持续激发人才的自驱力和创新能力，将成为企业的核心竞争力。

由此，作为基干人员的干部的管理，也成为数字化时代及向数字化转型过程中企业迫切需要面对的问题。在传统的观念中，干部实际上是组织中的一个节点，起支撑的作用，干部所需要的能力也基本为组织所设定。而在数字化的模式中，也许并没有一个稳态的组织需要支撑，甚至组织也没有绝对的中心和权威，没有完全固定的岗位、职位，因此，干部所需要面对的情况和解决的问题也要复杂得多，在这种情况下，什么才是干部最为本质和核心的能力素质，换句话说，什么才是数字化时代真正的领导力，以及如何培养这种领导力，应该是值得探究的问题。

当然，正如德鲁克所说：“管理是一种实践，其本质不在于知，而在于行；其验证不在于逻辑，而在于结果。”面对有着巨大张力和无限可能的数字化时代，我们的所知，毕竟甚少，我们的逻辑，也未必正确，我们所能做的，就是勇敢去行。

杨洪峰

2019年3月5日

Contents 目录

1 开年特稿 Feature in the New Year

2 本辑专题：变革时代的干部管理 Cadre Management in the Changing Era

Contents

Contents

4 绩效 Performance

5 CHO深度调研 CHO In-depth Interview

Contents

6 企业 Enterprises

7 热点 Hot Topics

发行
吴章隽

投稿邮箱
cho@zhaopin.com.cn

订阅电话
010-58692828-68168

Feature in the New Year

1 开年特稿

新时代——组织人力资源管理发展趋势展望

THE NEW ERA — ORGANIZATION HUMAN RESOURCE MANAGEMENT DEVELOPMENT TREND PROSPECT

互联网时代进入下半场，大数据、云计算、区块链等各类技术创新层出不穷，共享经济、数字经济、社群经济等新商务模式风靡全球。

谭朋涛 | 中智人力资源管理咨询有限公司北京分公司高级项目总监

进入 2019 年，中国可以说，也进入了新的发展时代，宏观经济由高速度发展阶段进入高质量发展阶段，新技术、新产品、新业态、新商业模式大量涌现，生产小型化、智能化、专业化将成新特征，这就要求组织必须调整人力资源战略以适应新的外部发展环境。

互联网时代进入下半场，大数据、云计算、区块链等各类技术创新层出不穷，共享经济、数字经济、社群经济等新商务模式风靡全球。互联网时代是个人与社会、经济与组织、有形世界与虚拟世界都相互关联、彼此交融、互联互通的零距离时代。数字化、社交媒体化、移动化的相互融合使客户、员工、合作伙伴之间产生了新的联结方式。（免费、草根、屌丝、社区、聚合、互动）这是一个互联互通的商业民主时代。互联网时代的组织拥有信息无限丰富、更高的透明度、客户员工更高的期望及更广泛的联系等特点。

笔者从事人力资源管理咨询工作近十年，曾咨询服务过五十余家组织的人力资源体系建立及优化转型。服务过的组织类型包括中央企业、国有企业、外资企业、民营企业等。传统以模块专业划分为基础的组织人力资源管理模式正在发生各种变化，各类组织实践程度差异较大，不成体系，现就未来十年人力资源管理将面临的新的发展趋势进行梳理，主要包括以下七大趋势。

趋势 1 全球工作大迁移与自由工作者的时代到来

过去的组织形态是“组织 + 雇员”模式，区域性限制和人工成本的不断增加已经使很多组织不堪重负。未来新的组织形态将演变为“平台 + 个人”。任何平台都可以共享整个行业的人才，任何个人也可以同时为行业若干家平台企业服务。

最典型的就是知识服务行业自由职业者的不断增加。有媒体统计，到 2030 年，包括 Monster 等招聘网站以及自由职业者交易平台在内的“在线人才平台”，有望贡献 10% 的全球 GDP（国内生产总值），并创造相当于 1.8 亿份全职工作的就业机会。越来越多地由软件驱动的自由职业者工作平台的出现可能会解决全世界一半甚至更多人的就业问题。

国内比较典型的案例是自由职业平台——“猪八戒”网。“猪八戒”网是中国领先的服务众包平台，服务交易品类涵盖创意设计、网站建设、网络营销、文案策划、生活服务等多个行业。“猪八戒”网有百万服务商正在出售服务，为企业、公共机构和个人提供定制化的解决方案，将创意、智慧、技能转化为商业价值和社会价值。此类平台的兴起正在改变着人力资源雇佣模式。图 1 是“猪八戒”网的核心价值和交易模式分析。

核心价值	交易模式
对于买家：把需要解决的问题放在猪八戒网上，通过悬赏模式可以获得多种方案，可以选到百里挑一的作品；通过速配模式，可以寻找到能力精准匹配的服务商来提供服务。企业机构和个人可以在“猪八戒”网获得低成本、高效益的服务。	**比赛 · 先交稿模式：**买家在发布需求时，先将赏金完全托管到猪八戒网，再从服务商交稿中选出中标稿件，猪八戒网收取赏金的 20% 作为平台服务费。 **计件模式：**买家按一个合格需求支付一份服务商酬金的方式进行选稿，选稿数量视买家需求而定，稿件合格将立即支付服务商报酬的交易模式，“猪八戒”网收取 5%~20% 佣金。
对于服务商：无论是个人还是机构企业，都可以在猪八戒网上做自己喜欢或擅长的工作，足不出户找到目标客户。而且工作环境更加自由，工作时间自己掌控。猪八戒网也是一个人才成长平台，通过平台，服务商不仅锻炼了专业技能以及客户沟通技巧，同时也加深了对行业市场的了解，积累了客户资源。	**一对一 · 先报价模式：**买家在发布需求时未托管赏金至猪八戒网，根据服务商报价选择一位服务商完成工作。 **一对一 · 服务模式：**买卖双方直接通过猪八戒网的托管服务进行交易。 **一对一 · 先抢标模式：**买家发布需求时，先将诚意金托管到猪八戒网，再由众多服务商进行抢标，最终买家确认一位服务商来完成需求。

图1 “猪八戒”网的核心价值与交易模式

趋势 2 人工成本上涨 VS 人力资源战略的调整

由于制造业人工成本的不断上涨，中国的制造成本已经和美国差异不大，目前正处于人类史上最大规模的产业人口迁徙，面临巨大压力，制造业的工作机会正在大量丧失。人工成本上涨的原因主要有以下几个方面。①劳动力再生产成本的增长。国家全面放开二孩政策已经实施近三年，但人口增加的比例非常有限。②使用农民工机会成本增加。由于城镇化的家居和农村收入的提升，企业获取大量低廉农民工劳动力成本的时代已经成为历史。③健全的法律法规保障劳动者报酬合理上升。2019 年起五险由税务部门足额征收就是一个体现，对于以前未足额缴纳社保的大量民企来说，人工成本降幅大幅增加。④人口供给关系的变化，老龄化已成为必然趋势。目前是九亿劳动人口赡养五亿老人，二十年后是五亿劳动人口赡养九亿老人。⑤以人为本的经济发展目的，人民对美好生活的向往直接体现就是工资的上涨，福利的提升。

组织需要根据这些变化灵活调整人力资源战略，笔者提供三个主要意见。首先考虑用工方式的改变，将临时性、辅助性、可替代性的岗位工作尽量外包或考虑使用机器人及人工智能等加以代替。其次加强人工成本管理的意识，努力再造或优化企业业务流程，合理定编定岗，减少人员浪费。最后积极推广应用新技术、新工艺、新方法，严格培训考核，提高人均产出，用最少的人工成本创造最大的产出。

未来的人力资源管理也可以将职能外包给专业公司或第三方机构去做，笔者梳理了下，可以外包的职能显示如图 2 所示，组织可以根据目前人力资源发展阶段逐步考虑。

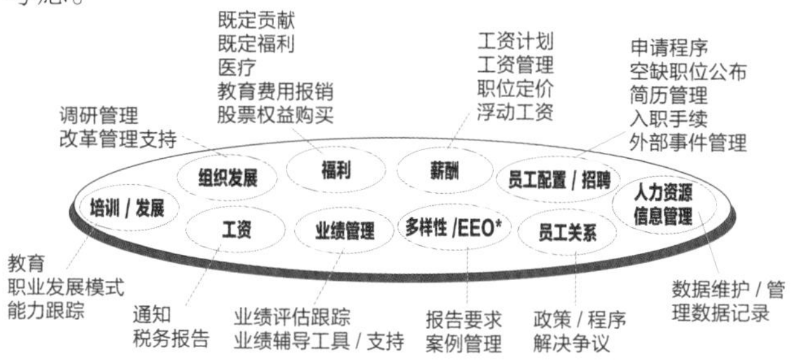

图2 可以外包的职能

趋势 3

人力资源管理组织形式变革趋势 建立 HR 三支柱体系

对于整体组织而言，由传统组织形态转型为敏捷组织，这是组织转型的趋势，无论是海尔的“小微组织”、韩都衣舍的“小组制运营”、华为的“班长战争”让听得见炮火的人决策等本质上都是为了转型为敏捷组织。图 3 为由职能制组织转型为敏捷组织的项目案例，供组织领导者和 HR 负责人参考。

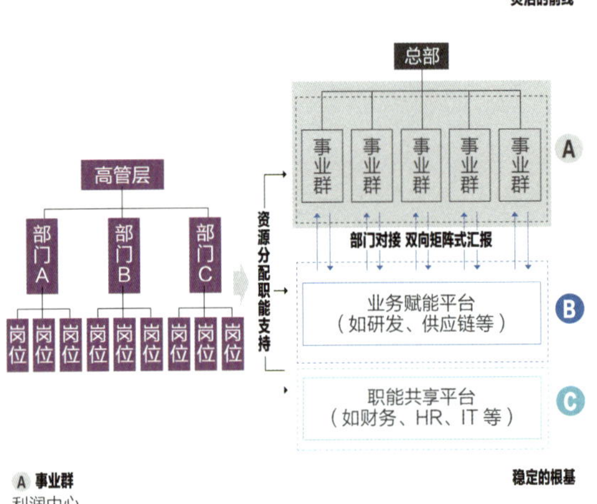

图3 职能制组织转型为敏捷组织的项目案例

传统组织与敏捷型组织构成要素的区别如表 1 所示。

表1 传统组织与敏捷型组织构成要素的区别

组织体系领域	传统组织	敏捷型组织
决策机制	集权管理	授权至一线
组织合作	组织间具有壁垒	层级和组织间合作
工作设计	工作定义结构化 无法适应非常规工作	以项目制定义工作 鼓励员工进行创新及决策事项
绩效管理	年度绩效目标 年度绩效评估	可随时依据季度或群体目标改变的灵活绩效目标 多来源的频繁实时绩效反馈
工作流程	高度流程化 较少的创新空间	轻度流程化 较多的创新空间

续表

组织体系领域	传统组织	敏捷型组织
激励	外在激励	提倡内在驱动
学习与发展	定期培训计划	日常持续学习与发展 快速再培训
职业路径	固定的发展路径 人才流动有局限性	多元宽松的发展路径 人才流动跟随业务需求

笔者总结了下，敏捷组织主要具有以下几个特点。

（1）组织架构体系（O）。强调组织扁平、权责利下放与总部赋能。构建稳定的总部赋能平台，包括业务赋能平台和职能共享平台，同时打造灵活的业务单元。

（2）绩效激励体系（I）。在绩效管理上，通过增加员工自主性，提供更频繁、直接多样的绩效反馈来时刻跟进外部环境的变化。在激励上构建“短中长结合”“物质 + 精神 + 职业发展”相结合的体系。

（3）人才发展体系（D）。通过科学的人才发展体系为敏捷组织构建输送有自驱力、能信任、有韧性的人才支撑。

（4）企业文化体系（C）。建立高度共享价值观为敏捷转型提供指引，并通过具体的工作环境设计与氛围营造，增进互信共享，点燃员工激情。

伴随着企业向敏捷组织转型，人力资源组织必然需要转型，目前比较主流的是人力资源三支柱模型。三支柱中 HRCOE（人力资源专家中心）负责顶层体系设计，HRBP（人力资源业务伙伴）负责业务协同，HRSSC（人力资源共享服务平台）则是共享服务中心。针对不同业务板块的员工需求，要积极主动地发挥人力资源的专业价值，同时将人力资源和其自身的价值真正内嵌到各业务部门的价值模块中。

我们来看腾讯公司 HR 三支柱的案例，如图 4 所示。

图4 腾讯公司HR三支柱

趋势 4

辩证地看待岗位绩效管理模式，全面薪酬理念广泛应用

目前组织大多采用的薪酬模式是岗位绩效工资制，部分国有企业和事业单位还在采用更传统的职务工资制。岗位绩效工资制有个缺点，就是很难突破宽带薪酬中带宽的限制，不利于吸引行业最优秀的人才加盟组织。

企业在执行岗位绩效工资制时还有可能犯以下错误。

（1）没有根据企业战略和发展阶段区分薪酬策略，导致企业薪酬平均化分配的趋势，这一点在国有企业最为突出。

（2）集团性企业没有根据不同下属企业管控模式的差异区分企业薪酬策略，导致不同业务单位发展受到瓶颈。

（3）绩效考核体系有缺陷导致绩效工资分配变形，最终影响岗位绩效工资制激励效果的发挥。

（4）福利体系设计"一刀切"或很少体现，没有根据不同员工的差异化需求制订，导致福利体系对员工的激励作用大大减弱。

针对以上问题，笔者提供几种工资模式补充企业岗位绩效工资制，倡导全面薪酬理念。图 5 是几种典型的补充薪酬模式。

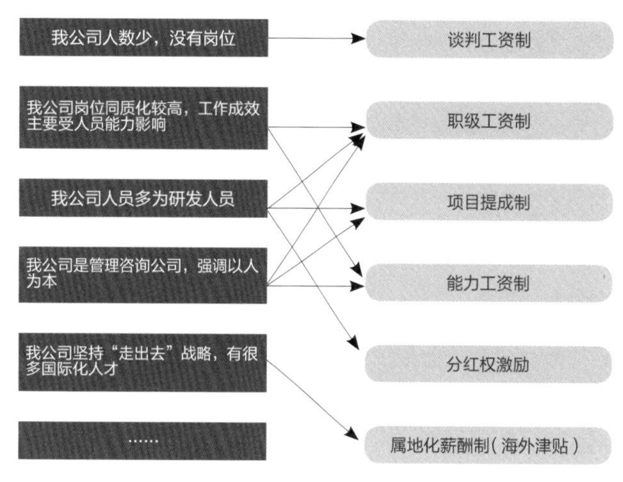

图5 几种典型的补充薪酬模式

趋势 5

绩效管理新趋势，关注焦点从"目标"向"成效"过渡

现有组织的绩效考核模式以 BSC 和 KPI 考核模式为主，本质上就是企业战略目标的逐层分解，最终落实到部门和岗位。笔者总结几十家企业咨询经验后发现，这种模式在 80% 以上的组织运行效果并不好，最终考核要么走形式，为了考核而考核；要么企业干脆认为考核起到负作用。

笔者发现现在很多高科技互联网企业都是使用 OKR（目标与关键成果法）考核模式，OKR 的中文意思是"目标与关键成果法"，由英特尔公司原传奇首席执行官安迪·格鲁夫创立，它能够让整个组织都朝着共同的重要事项努力。OKR 要求公司、部门、团队和员工不但要设置目标，而且要明确完成目标的具体行动。

OKR 目前在国内企业应用的案例还比较少见，但是相信在未来十年将会有越来越多的创新型组织、独角兽公司和技术研发团队使用，在互联网时代外部环境变化巨大的情况下，过去基于稳定环境为基础的绩效考核模式必然发生巨大变化。

OKR 与 KPI 的差异，如表 2 所示。

表2 OKR与KPI的差异

差异点	OKR	KPI
结构定义	是一套定义和跟踪目标及其完成情况的管理工具和方法、工作模式	是根据企业（功能）结构将战略目标层层分解，并细化为战术目标，来实现绩效考核的工具
实质	管理方法（测量员工是否称职）	绩效考核工具
本质	我要做的事	要我做的事
关注点	关注的是员工有没有好好干活儿，存在的主要目的不是考核某个团队或者员工，而是时刻提醒每一个人当前的任务是什么	关注的是财务和非财务指标，默认工作完成的情况对于财务结果有直接影响，侧重考核工作量
导向性	KRS 是产出导向（Outcome Based）而不是做事导向（Task Based），所谓产出导向就是关注做事情的成果，而不是仅仅关注事情做了没有	纯粹的结果导向

趋势 6

职业发展新趋势——多重职业发展方向

“斜杠青年”的出现,越来越多的年轻人不再满足“专一职业”这种无聊的生活方式，而是开始选择一种能够拥有多重职业和多重身份的多元生活。这些人被称为“斜杠青年”。

“斜杠青年”的产生基于以下几个重要社会趋势。一是服务业的不断发展；二是知识和创造力才是生产力；三是对知识的渴望与崇拜。所以打通年轻员工多重职业发展通道,已经成为摆在组织面前刻不容缓的需要，七成(72%)中国雇员欲五年内转换职业方向(转换行业、专业及公司)，高于美国的 48% 及全球的 57%。转换职业方向的 5 大原因分别是，追求高薪（32%）、工作与生活平衡（30%）、行业下滑（11%）、不满现有管理水平（14%）、个人兴趣（9%）（见图 6）。

企业打通员工职业发展通道需要经历四个环节：一是通道与序列划分；二是各通道层级划分；三是通道之间整体平衡，比如华为公司研发人员可以拿到集团副总裁的待遇；四是设定符合行业及企业特点的任职资格标准，建立职业发展制度。我们以腾讯公司为例，腾讯专业通道由 6 个大级及 18 个小级组成，为员工提供了宽广的职业发展空间。同时，实行一年两次的晋升评价，评

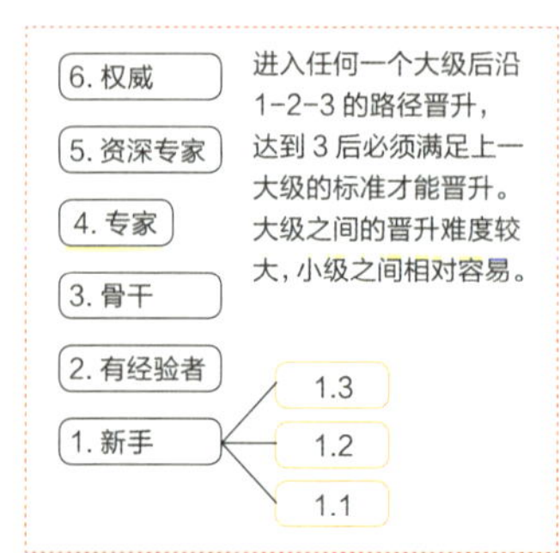

图6 腾讯公司的专业通道

定周期短、晋升速度快，激励及时性效果显著。

专业等级评价标准设计有利于初级人员的快速晋升及保证高级人员的综合素质。同时为了规避制度过于刚性，充分体现实用导向，若员工对企业做出重大贡献，则硬性条件的要求可以适度降低（见图7）。

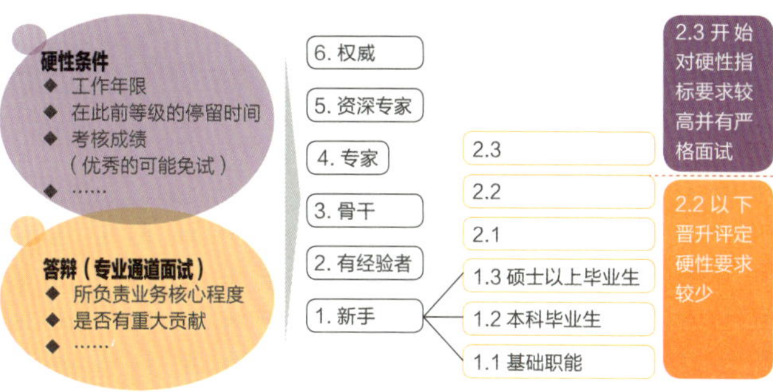

图7 腾讯公司晋升标准示意图

趋势 7 人力资源大数据应用，整体职能的数据化转型

传统人力资源很多决策都是基于定性，然而进入大数据时代，人力资源必须向基于数据转型。组织建立大数据人力资源云平台，可以将人力资源管理工作从烦琐的事务性工作和日常管理中解脱出来，通过云平台实现科学系统的体系设计，贯穿人力资源规划、招聘、培训、薪酬、绩效、劳动关系整个流程，并提供强大数据支撑功能实现人员管理流程电子化、自动化，提高企业招聘规范性和流程化管理效率。我们以招聘版块为例进行说明（见图8）。

综上所述，未来十年，组织人力资源管理将会发生重要的转型及变革，人力资源作为战略支撑的重要作用将进一步得到体现，越来越多的组织设立CHO岗位，将HRD升级为CHO就是为了提升人力资源管理在整个组织中的作用。在可以预见的将来，企业CEO的接班人中CHO所占比例也会越来越多，人力资源和战略运营、业务发展的紧密结合，将会是未来人力资源整体的发展趋势。

立体化招聘网络

信息透明化	社交媒体招聘	人岗匹配增加
·保留并升级传统猎头公司的客户开发模式，同时大数据精准分析也能帮助猎头公司的管理者去选择自己的真正优质或潜在客户 ·大数据分析和推荐，降低搜索难度，同时加强背景调查精准性，为客户提供真正企业所需人才 ·招聘网站发布与获得更多来自企业内部员工对企业评价，增加信息对等和畅通渠道	·大数据可通过某种机器的手段，多地采集候选人非结构化的、自然的、在社交媒体和网络上的信息，来辅佐目前已有的结构化人员招聘数据并帮助进行分析判断，增加招聘决策准确性 ·大数据技术可以实现从社交网络上查询并深入挖掘候选人的信息，让企业更清晰地了解候选人的情况	·从用户上传的简历和社交网络上提取候选人的总量数据，然后用大数据技术进行分析，通过考察数千个数据点，给求职者和空缺职位的匹配度评分 ·帮助企业和求职者有效地缩短应聘时间，为他们提供更好的服务

图8 未来基于大数据的招聘模式

Cadre Management in the Changing Era

2 本辑专题：变革时代的干部管理

新时代环境下的企业干部管理

MANAGEMENT OF ENTERPRISE CADRES IN THE NEW ERA

当前，我们正处于一个历史性的转折和变革阶段，各大企业正面临着前所未有的挑战，最先直面的即是企业的干部群体。

祁峰 | 某大型上市集团人力资源管理委员会秘书长，曾担任美国上市公司HRD，成功为多家上市公司解决过管理问题，具备系统丰富的理论和实战经验，擅用系统思维挑战经验主义

从大环境状态和趋势看，我国总体呈现经济环境不确定性增强、产业变革升级周期加快、人口老龄化、人力成本上升、成熟知识型人才稀缺等特点。

当前中美关系具有不确定性，既使得本就复杂的内外部环境变得更加不确定，也更加凸显新环境的VUCA 特点（20 世纪 90 年代美军提出的概念），即 Volatility（易变性）、Uncertainty（不确定性）、Complexity（复杂性）、Ambiguity（模糊性）。

因此，如何构建一支适应新环境的干部队伍以及适合队伍成长的组织土壤，是每一个企业的核心课题和任务。这也需要企业中各级干部，尤其是高层领导干部进行深入的系统思考，追根溯源，把握好本质问题和新变化，据此对自身干部管理体系进行有效变革，从而保障组织的可持续发展。

新环境下干部管理认知逻辑的不变与变化

当前社会正在发生深刻的变化，如何把握好干部管理，找准其有效管理的切入口是核心问题，同时要注意如何有效地抓住干部管理问题的本质，实际上我们需要将干部管理通过组织管理，并放置到大环境中去认知和定位，总体可以从不变和变化的两个方面去着手系统认知。

1. 从不变上看，我们对如何有效开展干部管理的问题思考模式和框架并未发生本质性的变化

总体看要处理好干部管理的问题，仍然要遵循“追溯本质、剖析自身、创造式解决问题”的原则。在这个原则之下，通过演绎思维方法，由宏观到微观界定干部管理的本质问题，创造性地提出解决方法。在演绎思维的指导下，MOT 焦点模型一直是稳定存在，并主要从元问题（Meta/Regular Problem）、组织（Organization）、人才（Talent）这三个维度来思考和界定问题，如图 1 所示。这每个维度又包含了三个子维度，每个维度之间通过变量动因进行相互联系和转化。

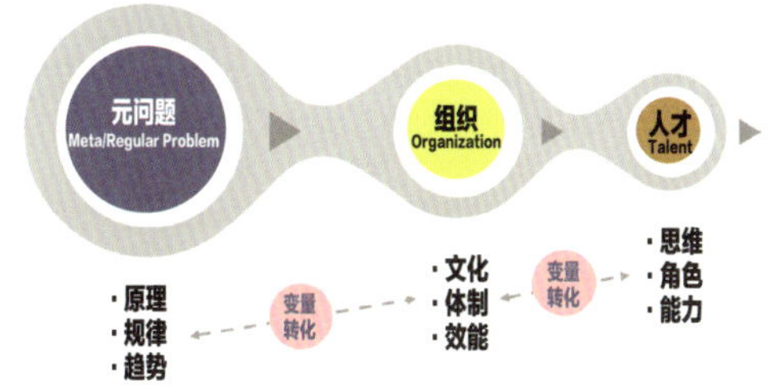

图1 MOT焦点模型

该模型在干部管理领域主要作用体现在以下几方面。

● **从宏观到微观的逐步演绎**。例如我们要构建干部管理体系，首先，可以结合当前已知公理、历史规律、近期发生的关键事件，对环境演化趋势进行大致方向判断；其次，基于趋势方向，结合组织自身发展需求和特点，界定组织当前在文化、体制、效能方面的问题，明确调整方向、策略、计划，其中应包含干部管理的内容；最后，基于元问题和组织维度，聚焦于人的新思维、新角色、新能力上，为人力资源管理活动提供明确的指导方针。总体看，这是一个从抽象到一般的过程。

● **从微观到宏观的综合归纳**。与宏观到微观不同的是，这是一个从一般到抽象的过程，比如有些企业希望界定未来干部队伍需要遵循什么样的价值观、领导力原则、思维方式，首先可以从业界标杆个体着手，经过分析、收集、聚合、精简归纳等过程形成一些在组织层面需要遵从的核心理念、原则、模式，同时可以进一步利用这些理念、原则、模式，结合一段时间所发生的事件，判断事物发展的新趋势，找到企业战略的新切入口。

● **支持微观管理活动的系统认知**。比如在人才规划、人才招聘、人才培养等个别人力资源管理活动的分析界定上，同样可以采取从元问题出发，界定个别管理活动的需求和策略，这样可以有效避免盲人摸象的认知误区问题，对问题和需求真正做到系统看、把准脉、治到位。

总的来看，在当前环境下，企业继续按照归纳思维思考干部管理问题，实际上很难在数字化创新经济时代下有效支持组织创造性地解决问题。同时，对于人的管理，每个企业又不完全相同。没有在一个企业工作过足够长的时间，担任过足够多的角色，是无法了解其中的微妙关系的，因此幻想通过归纳成功企业的成功经验来解决自身问题，本身就是治标不治本的做法。而演绎思维下的治本逻辑一直都在，没有什么变化。

2. 从变化上看，不同时代下 MOT 模型因素的内涵发生了变化

当前社会以前所未有的速度迈进新一轮变革时期，同时展现出了一系列趋势特点。

● 数字化时代的信息透明、传播快速，使得用户需求在供求关系博弈中占据主导，迫使企业要具备更强的创造力、更敏锐的反应速度、更深的人性化理解，传统组织对资源的利用、整合方式难以适应需求的快速变化。

● 企业大规模单一化生产到多批次个性化定制，产品或服务的生命周期进一步缩短，更新换代频次进一步提升。

● 以 AI（人工智能）、IoT（物联网）、区块链、5G 为代表的高科技领域快速发展，同时与各行业不断加深融合应用，新商业模式迭代周期进一步加快。

● “90 后”逐渐成为职场新生力量，对自主性、创造性、个性化等方面有更高的要求。

那么对于干部管理而言，基于 MOT 模型的焦点内涵到底有哪些变化呢？如表 1 所示，在“元问题”维度上我们可以看到，不同时期干部管理出发点是不一样的，“原理”要明确的是企业应该基于什么人性假设来展开干部管理活动？依据出发点，有哪些规律在企业日常实践中被研究和论证了？基于原理和规律，干部管理的趋势和关键焦点是什么？

表 1　不同时期干部管理焦点内涵的对比

MOT 焦点模型		工业化时代	数字化、知识经济时代
元问题维度（M）	原理	经济人假设（泰勒·科学管理）	社会人假设、自我实现人假设、复杂人假设
	规律	理论背景：科学管理、劳动经济学、行为科学等	理论背景：组织资源论、组织能力论
	趋势	人性因素逐渐弱化	进一步突出人性化理念
组织维度（O）	文化	权威、附属（听指示）、等待（被动）	支持、伙伴（平等合作关系）、协同（主动）
	体制	科层制、职能制、基于授权的权力驱动	平台化、小微化、网络型组织、基于共识的目标驱动
	效能	大规模生产、资源垄断 按生产过程划分职能，线性安排 制定标准的流程、严格的规章	多批次、定制化、柔性生产 大平台协同：任务流、信息流、能力流 小前端作战：理解需求、响应需求、满足需求
人才维度（T）	思维	归纳思维、依靠人生经验	演绎思维、依靠从元问题出发的逻辑推导
	角色	侧重过程、行为管理、管理和控制他人、完善规章制度	塑造理念、凝聚共识、目标设置、自主管理、与他人建立情感、提升智力资本
	能力	熟悉规章制度、高效执行流程	科技意识、战略阐述、组织形态构建、员工辅助与疏导、能力集成

通过不同时代的对比，我们可以总体感知到，比如在“人性化”方面，越来越多的企业已经从口号真切地走向了行动，当然这也离不开大环境倒逼因素的影响，所以我们利用不变的框架，将变化的因素放入框架中，然后进行关联的分析和思考，实际上就能有效地从总体上把握住干部管理的趋势和焦点。

变革时代企业如何创造适合干部生长的土壤环境

总体看，构建适合干部生长的土壤环境，实际就是要构建匹配的组织能力，目的是有效赋能干部管理，因此干部管理需要放置到组织能力中来认知。我们可以借助 CCE(组织能力建设模型) 通用组织能力建设框架 (见图 2),结合处于创立、快速成长、成熟稳定、衰退变革等不同阶段企业的特点，来系统思考和分析组织能力建设的关键点和侧重点，并明确相应的建设策略和计划。

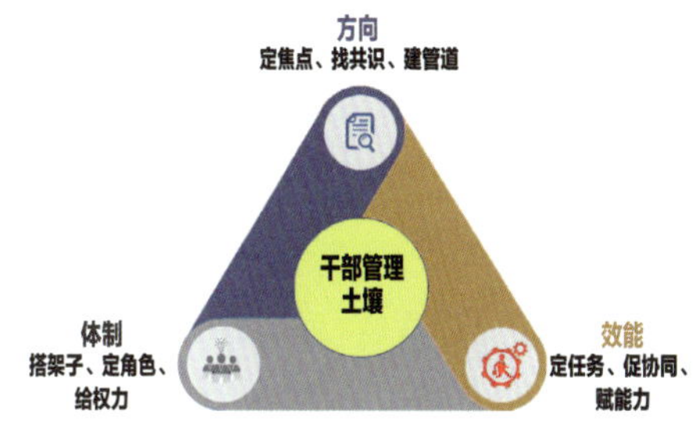

图2　CCE通用组织能力建设框架

这里推荐给各位朋友参考的 CCE 模型是笔者习惯用于系统思考组织能力建设问题的思维模式，共分为组织方向 (Organization Direction)、组织体制 (Organization Component)、组织效能 (Organizational Effectiveness) 三个维度，且每个维度又蕴含三个关键要素。如果把 CCE 模型视为一个 3D 金字塔形结构，那么整个框架又分为三层。第一层：焦点、架子、任务。第二层：共识、角色、协同。第三层：管道、权力、能力。这些因素在一个层面互为联系，同时在金字塔某一侧也互为联系，这种关系体系总体构成了组织土壤的生态环境，这里不再进一步展开说明，可以从架构上大体认知即可。如图 3 所示。

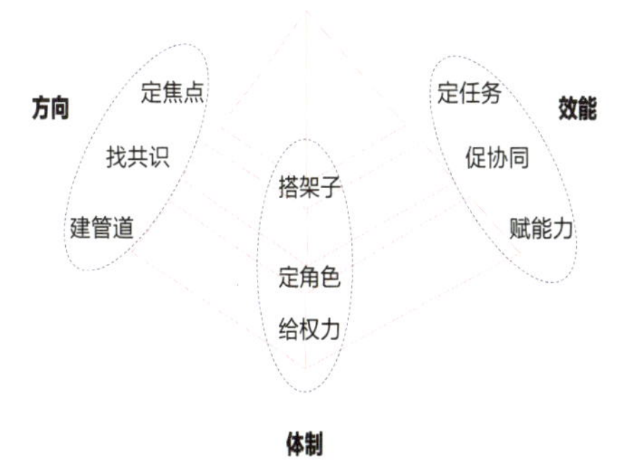

图3　CCE金字塔形结构

下面结合该模型框架，来解构干部管理土壤构建的思路。根据笔者接触和观察的情况，很多企业都有类似现象和问题。例如，辛苦定出来的焦点方向在往前推进时，要么解释不到位、要么理解不到位，甚至传递到基层后，出现严重背离方向宗旨的思想和行为，最终导致力不能往一处使，上下左右互相拉扯，管理隐形成本高企。以上现象凸显了土壤环境的问题，如图 4 所示。

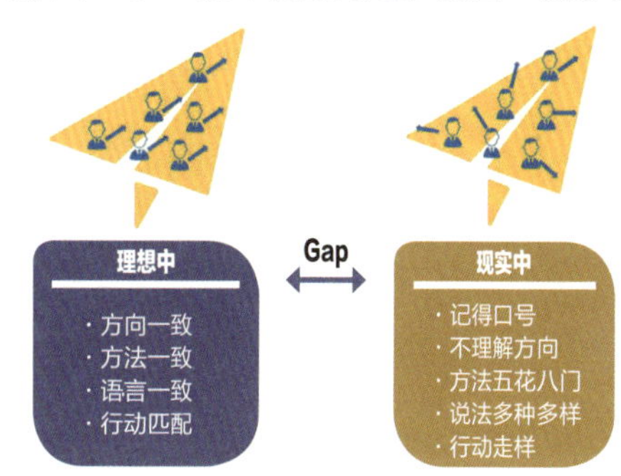

图4　土壤问题的对比

1. 组织方向维度的建设

(1) 焦点明确：一个中心——“在竞争中持续快速成长”,两个焦点——“理念焦点”和“业务焦点”。

焦点的明确分为理念焦点和业务焦点两个方面。理念焦点需要上升到企业经营哲学高度看待组织的价值，并用通俗方式描述出来，通过有形和无形的传播方式，在干部、员工、客户、合作伙伴等群体中获取广泛认同和共识，这是一种塑造组织虚拟形象的过程。而业务焦点是在理念焦点的指引下，基于市场和用户，明确企业做什么、不做什么，以及通过怎样的资源组合方式和整合策略来满足用户需求，这是一个确定业务布局的过程。同时，焦点的确定还应遵循短期和长期结合、财务和非财务结合、物质和精神相结合的原则，同时注意两者之间的互为支持印证的关系，如图 5 所示。理念焦点需要融入业务焦点中，推动实践，印证是否合适，并及时修正，业务焦点需要理念焦点给予思想上的指引，避免误入歧途。

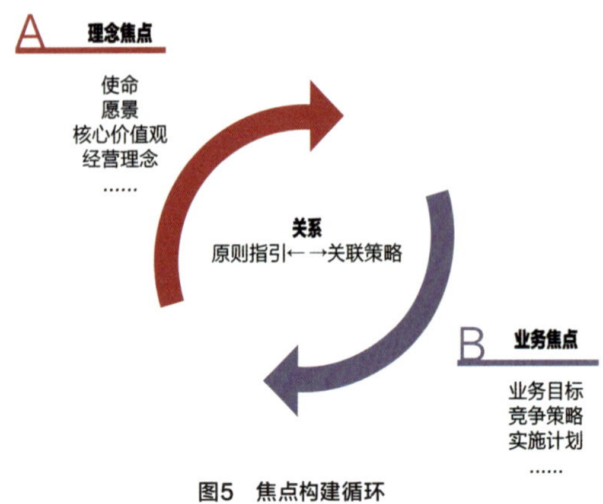

图5　焦点构建循环

构建焦点的方法多种多样，比如战略地图系列、OKR（目标与关键成果法）管理体系、BLM模型（业务领先模型）、精益画布、麦肯锡7S模型等，好的方法虽然有很多，但是很多企业干部也就此窒息在方法工具的海洋中，无法自拔。所以企业应该遵循一致性原则，上下统一采取一套定位焦点的方法，这对增进沟通效率、凝聚共识、降低内耗起到至关重要的作用。这一点上要学习亚马逊公司（Amazon）建立创新机制的实践经验。在一次内部交流会上，他们展示了自己的创新范式，包含提案规范、流转程序、落实策略、操作技巧等方面内容，这种规范和赋能的一致性极大地促进了亚马逊公司创新效能的提升。

另外，在界定焦点时，还要注意一些其他方面的误区。

● **理念焦点上故弄玄虚、高深莫测，不能通俗和准确表达**。比如“上善若水”和“包容”两个词对比，相信后者更容易理解，尤其在文化多元的企业中，不能用太深奥的辞藻，以免阻碍传播和理解。

● **过分追求规划的精密细致**。在如今环境下，过去动辄3~5年、追求精密细致的规划已不合时宜，因为新环境下决定了一个组织很难对方向把握全面而精准，能看准2~3年就很不错了，所以在保持方向大致正确的同时，设置好每年的目标和任务，按照敏捷迭代的原则将任务落实到位即可。

● **理念焦点和业务焦点不关联，各自构建**。

比如有的企业宣扬用户导向的理念，但实际上在对外服务和内部管理方面还是沿用老做法，这样会让组织成员产生割裂感，理念成为摆设。

（2）共识稳定：构建共识闭环，持续抵消因内部变革或外部环境变化带来的共识程度消减。

从图4中我们可以看到，理想是丰满的，现实是骨感的，业务和业务之间、业务与职能团队之间时常出现鸡同鸭讲、对牛弹琴的情况。

这里引用一个区块链中共识形成原理的概念解释：“达成共识的过程越分散，其效率就越低，但满意度越高，因此也越稳定；相反，达成共识的过程越集中，效率越高，也越容易出现独裁和腐败现象。达成共识常用方法就是通过物质上的激励以对某个事件达成共识，但是这种共识存在的问题就是容易被外界其他更大的物质激励所破坏。还有一种就是群体中的个体按照符合自身利益或整个群体利益的方向来对某个事件自发地达成共识。当然形成这种自发式的以维护群体利益为核心的共识过程还是需要时间和环境因素的，但是一旦达成这样的共识趋势，其共识结果也越稳定，越不容易被破坏。”（引用自网络）

从上述概念看，达成共识的方式是集权或民主两种形式，且共识会随着条件的变化而变化。因此，组织需要创建一个有效的共识构建闭环（见图6），持续运行，用于抵消因内部变革和外部环境变化带来的共识水平消减程度。企业要定期和不定期地对组织共识程度进行评估，这个闭环需要成为一个组织的常态功能，一方面通过管理科学手段完善评估方法，另一方面通过技术手段完善评估工具，双管齐下。

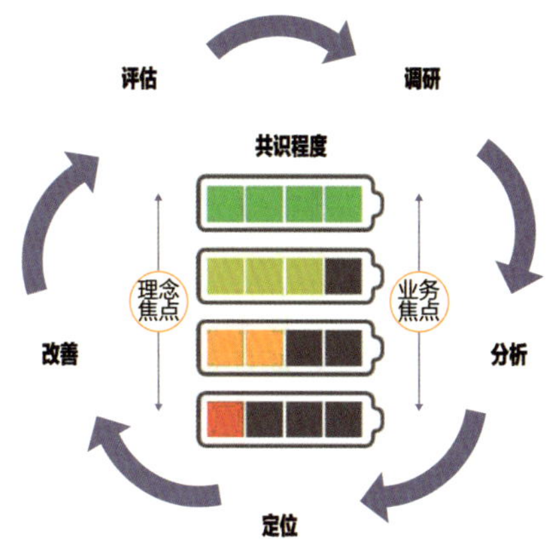

图6 共识构建闭环

（3）管道有效：高效高质的沟通渠道。

以理念焦点为例，如表2所示，一些代表企业为了落实理念焦点的定位，构建了不同方向的沟通管道，且形式多样，如制度、会议、授权、匿名社区、视频、活动等，目的是能够尽可能将组织倡导的文化落实到组织生态的每个角落和每个个体，这对于凝聚干部队伍有关键作用，特别是在变革时期，企业尤其需要做大量有效沟通，这有助于了解组织状况、消除误解、防范潜在危机等。

因此，企业应不遗余力地借助技术，构建高质量的有效沟通管道。

2. 组织体制维度建设：基于信任和目标构建弹性的组织体制

（1）搭架子。

搭架子是基于业务焦点，对组织布局的形态、结构、关系所做的总体说明和布局，具体的结果形式有业务架构说明、组织架构说明、流程关系说明等。从趋势上看，平台网络型架构是未来发展的方向，其拥有灵活性、自主性、包容性。灵活性体现在能够随市场的变化而快速变化。自主性体现在独立核算自我组配资源，通过产品或服务与外界进行价值交换。包容性体现在组织对不同文化、不同意见的接纳程度，并能够持续进行吐故纳新。这方面案例比较多，代表的有海尔的“人单合一”模式、阿里巴巴的“大中台、小前台”模式、华为的“班长战争”模式、Uber（优步）的“城市运营”模式等。

表2 代表企业在理念焦点方面的一些实践列举

关键焦点	阿里巴巴	腾讯
定焦点	**提倡包容的橙文化（阿里橙）** ● 橙核：“六脉神剑”，即客户第一、团队合作、拥抱变化、诚信、激情、敬业 ● 橙肉：代表诸多子文化 ● 橙皮：各子文化丰富多彩的外显形式	**提倡一切以用户价值为归依的文化** ● 价值观：正直、进取、合作、创新
找共识	● 阿里政委日常观察、搜集意见等 ● 满意度问卷调查 ● ……	● 设立文化管理委员会和执行委员会，其中成员搜集意见 ● 年度战略大会，文化作为重要议题讨论 ● ……
建管道	**1. 由上而下：依靠高管通过个人言行、决策、机制等方式** ● 高管站台：发表署名文章、主题演讲、参与主题活动、取花名 ● 决策维护：授权政委一票否决权（HRG），价值观坚守（月饼门） ● 机制保障：价值观融合于绩效考评制度中（绩效50%；价值观50%） **2. 由外而内：依靠外部客户与竞争对手** ● 授权“店小二”高效处理客户问题，配以反腐败约束机制 ● 保持开放的学习心态 ● 公司主要负责人生态内轮岗 **3. 由下至上：依靠基层员工参与推动** ● 提案：授权部门自行开展文化建设、制定奖励福利制度以及推进实施 ● 培训：新员工“百年”系列课程、职业养成系列 ● 员工心声，匿名提报	**1. 由上而下：依靠高管通过个人言行、决策、机制等方式** ● 高管站台：设立了“总办交流平台”和“总办午餐接待日”两个最高层与基层员工的直接沟通渠道。保持上下级平等沟通，直呼英文昵称 ● 机制保障：工作在腾讯、成长在腾讯、生活在腾讯 **2. 由外而内：依靠外部客户与竞争对手** ● 领导作为用户体验，并反馈产品使用感受和改进建议 ● 竞品/标杆分析，微创新学习中超越对手 **3. 由下至上：依靠基层员工参与推动** ● 开展“家属开放日”等活动，拓宽社会效应 ● 通过开展创新大赛、创新俱乐部等活动，培育氛围、调动积极性

（2）定角色。

传统的管理方式是将责权利全部汇集在岗位上，并通过金字塔式的权力分布，驱动组织运作，在工业化时代可以发挥出集约、规模优势，但是这也将人员锁定在部门和岗位墙之中，极大地阻碍一线人员积极性、自动性、能动性。随着数字化、知识经济时代的到来，市场要求组织能够快速灵活地应对用户需求的变化，因此组织将责权利，从岗位汇集到团队之上，基于价值导向、目标设置、授权范围赋予团队一定的自主裁量权，驱动组织创新发展。

例如 Uber 的城市运营角色的设置，他们并没有制订一堆精细的岗位说明书，而是以城市为单元配置团队，并通过文化 + 目标 + 赋权的方式确定角色，这使得 Uber 城市运营团队非常的精简（一般 3~5 人），同时又能够保持足够的灵活性，还可以激发团队成员的工作积极性和潜力，这节约了很多职责扯皮的问题。因为并没有事先规定岗位职责边界，而是在目标和责权利的指引之下开展任务，使团队成员拥有了足够的施展空间、自主空间，进一步提升了价值感、成就感、责任感。

（3）给权力。

给权力是指允许团队或个人可自主调动资源范围和大小的程度。其实大量企业存在权授不好，从而影响团队能动性的问题，也产生了某些企业新干部存活率低下的问题。招来的优秀干部雄心壮志，没过多长时间无心恋战、黯然离场的例子比比皆是。除了要建设好信任文化、权力清单、“放管服”的基础外，最重要的是要依靠“组织效能”的基础来进行合理和放心的授权，这里“组织效能”详见第三点的阐述内容。

3. 组织效能维度建设：构建任务协同平台，沉淀和挖掘经验财富，赋能干部群体

在企业发展快、前景好的阶段，对提升组织效能似乎总是引起不了足够的重视，事实证明越是好时期，越是要未雨绸缪。这一点华为是表率，曾花费数十亿元聘请国际咨询机构，助其提升组织效能，并且当时提出的一条著名的“先僵化、后优化、再固化”的改革理念，整个过程系统提升了华为的组织作战效能，沉淀了一大批人才和经验实例，为未来华为快速发展奠定了扎实的组织效能基础。

对于中小企业来说，像华为这样去投入，可能难度较大。但随着技术的长足发展，如今中小企业也可以享受过去只有大企业才能享受的服务，比如 Slack（群组聊天工具）、钉钉、Teambition（企业目标管理工具）、JIRA（项目管理工具）等 SaaS（软件即服务）平台，中小企业可以根据自身情况进行选择，除了平台上的公共实例外，企业也可以将自身经验实例化。另外，除了一些特殊行业或特殊企业对数据安全的要求外，对于大部分企业来说已不是选择的最大障碍了。

根据观察，很多企业存在如下问题和现象。

- 做规划、定目标、分任务时，组织缺乏一致性方法，造成沟通成本高企。
- 不注重任务的协同管理，高层看不清业务单元状态，不放心，授权困难，最终致业务难产。
- 好的经验没有沉淀为可赋能的实例，关键人才一旦流失，组织能力相应跟着流失。
- 新人加入组织，适应慢，难以快速进入状态，隐性成本高昂。

上述恶性循环，更多的是组织问题，并非单纯是人的问题。因此，可以从以下几方面着手提升组织效能。

- 构建组织方向运作规范，保持一致性。
- 制订贴合自身情况的目标任务管理方式。
- 创建任务协同平台，将组织运行情况直观化透明化。
- 不断对关键业务流进行实例化，并配置到协同平台中。
- 针对关键对象进行实例化赋能。

新环境下，干部自身如何定位和发展

干部群体的自我发展需要基于新环境特点，有针对性地从思维、角色、能力三个方面认知和提升，尤其需要重视思维的升级，因为思维水平直接决定着对事物认知的深度和系统程度。

1. 新思维模式：警惕类比思维，从元问题出发，化繁就简

这里我们先搞清楚什么是"思维模式"，解释有很多，有一个解释个人觉得比较准确、容易理解："思维模式是指人们对事物的构成、性能与他物的关系、发展的动力、发展方向以及基本规律的把握能力。"干部的思维模式和水平实际上可以从三个圈层来体现差异，分为核心圈、中层圈、表层圈，如图 7 所示。核心圈层主要以中西方哲学思想原理为基石、中层圈主要以管理科学系统方法论为基石、表层圈主要以日常事务处理技巧、经验和套路等为基石，这几个圈层之间互相交织，但又不完全重合，每个圈层中有很多代表思想，这就需要结合自身情况，有目标、有结构、有侧重地扩展自身的思维圈层，这有点像从实践中总结，从总结中提炼，从提炼中升华的思维升级过程。

图7 干部思维圈层结构

这方面华为是典型代表，其对企业经营方面的思考和总结已经上升到哲学的高度，逐步形成了"以客户为中心、以奋斗者为本、以价值观为纲"的完整的企业经营哲学体系，海尔的"人单合一"也是其中的代表之一。这也反映企业干部，尤其是高层干部的思维差异在于，是否能够有效地将企业家精神和哲学家思索结合，这已成为干部为应对 VUCA 新时代企业经营管理问题的新角色、新要求。

从趋势看，未来企业将更多地从创新中获益，随着国门进一步开放，国内企业将面临更为激烈的竞争和产业升级转型挑战，企业唯有通过创新树立核心竞争力才有可能取胜，因此干部本身应对新事物的思维模式和水平就显得非常重要了。从共性上看，未来企业中不管是什么层级的干部，都应具备"简洁的创新思维"。什么是"简洁的创新思维"模式呢？我们以两个例子来说明。

（1）埃隆·马斯克（Elon Musk）：基于回归本源的演绎思维进行创新。

从 1995 年至今通过不断跨越式的创新迭代方式，涉足了航天、汽车、能源、交通、人工智能等行业领域（见图 8），跨度之大、效率之高，叹为观止，整个过程中展现出了杰出的思维能力。埃隆·马斯克运用物理学中的第一性原理（First Principle），从新问题出发，确定问题的假设前提或支撑原理，然后通过质疑验证的方式提出新方案，这个过程是典型的演绎思维方式，这样保证了埃隆·马斯克进入一个行业就成为该行业的常识和惯例的颠覆者。例如埃隆·马斯克在 2003 年决定做特斯拉汽车时，当时环境下普遍觉得做纯电动车不靠谱，面临着电池成本高、充电不便、续航里程短、供应链资源整合难度高等难题，主流看法认为混合动力才是重点。而埃隆·马斯克抛开这些现象，追溯本源，对纯电动车的物理成本进行分析和估算。比如在电池方面，他将电池成本拆分为材料成本（镍、锂、铝、铁等）和电池加工制造环节的生产成本。通过溯源分析，发觉通过伦敦金属交易所渠道组装材料能把传统电池组 600 美元 / 千瓦时的平均成本，降低到 80 美元 / 千瓦时，另外通过在内华达州兴建 Gigafactory 工厂进一步降低加工制造成本，综合下来能降低电池组 30% 的成本，这极大挑战了以

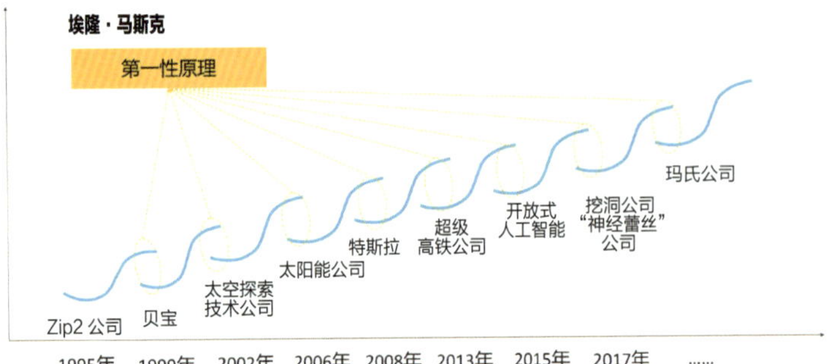

图8 埃隆·马斯克颠覆式创新历程

松下为代表的传统电池供应商，也为后续推出特斯拉纯电动汽车，奠定了核心基础。

从这个例子反映出，干部队伍应警惕类比思维的先天局限性，面对 VUCA 特点的新环境，更需要养成将事情缩减至其根本实质，并从那里开始延展推理和论证的思维习惯，深入问题的本质，抓住切入点。

（2）史蒂夫·乔布斯（Steve Jobs）：基于“简洁”原理整合复杂系统，支持最佳用户体验。

苹果公司在乔布斯二次回归后的带领之下，持续发扬把工业品做成艺术品的精神，为市场提供了经典的爆款产品，并为公司创造了可观的利润。虽然不好把握乔布斯个人的思维模式，但是透过苹果公司的产品、经营活动、高层分享、品牌宣传等信息也不难发现，其总会遵循一个等式规律 S=f（D·B·T），S=f（Design·Business·Technology），即简洁 =f（人文·商业·技术）。这恰恰又与“大道至简”的智慧相呼应。

从实例看，苹果公司并没有为 iPhone、iPad 等产品准备一本厚厚的产品功能说明书，但是无论什么年龄段的人，只要上手摆弄几个小时，基本就能熟悉操作方式。虽然产品使用对于用户来说是简单的，但对苹果公司来说，其化繁为简，将以人为本的设计、商业模式闭环、核心技术支持三大方面进行了很好的整合，造就了以复杂系统整合支持简洁应用的最佳典范。另外，我们通过毕加索的公牛作品形成过程，也能体会到“简洁”的内涵，如图 9 所示。

图9 毕加索的公牛作品的演进

在如今这个信息爆炸、注意力稀缺的时代，怎么用最佳的“简洁”方式将产品 / 服务价值传递给用户，并获取用户认可，是每个干部的思维必修课。

借助《简洁的力量》一书中作者的观点，我们可以进一步认知到苹果公司在做产品设计、商业布局、技术研发上所展示的“简洁”特征，如表 3 所示。

表3 简洁的准则

模式 特征	简洁思维模式		
	人文 （Design）	商业 （Business）	技术 （Technology）
精简	从内到外，对系统组成部分进行精简，做到少而精		
省心	避免浪费用户注意力和时间，降低认知难度，减少用户的精力消耗		
隐藏	把最简单的实用功能或内容展示给用户，低频复杂的部分隐藏在展示背后		
标签	传递、满足目标群体合乎人性的价值内涵，如美观、炫耀、易用等		

总的来看，采取“简洁”准则的创新思维模式去思考和解决问题是很多企业干部所缺乏的、所不熟悉的，但是这又是面对新环境挑战所必备的思维方式。

2. 新角色：干部要适应新角色的融合变化

新环境下干部需要扮演角色发生了一些变

化，展现了一些新特点，干部自身要做好适应性的准备和调整。

（1）业务与哲学相结合。

从本文对干部思维圈层的说明能看到，越是高层干部，不但要在业务管理方面把握好趋势和方向，更需要在企业经营哲学思索方面有一定的建树。这种实业家和哲学家的融合角色，在一些优秀的企业中反映得特别明显，类似如图 5 所展示的关系。

（2）目标与分权相结合。

任务目标既要设置得合理，权力也要赋予的合适，这是保证组织能够灵活可控的作战前提。目标到关键任务的合理分解，这本身就是考验干部的系统洞察能力，同时还要基于目标和任务，合计需要的资源，从而授予合理的调动资源权力的范围，同时在实施过程中做好事中事后的监督。如图 10 所示，这个小闭环的扎实程度对于平台网络型组织的独立经营核算单元尤为重要。

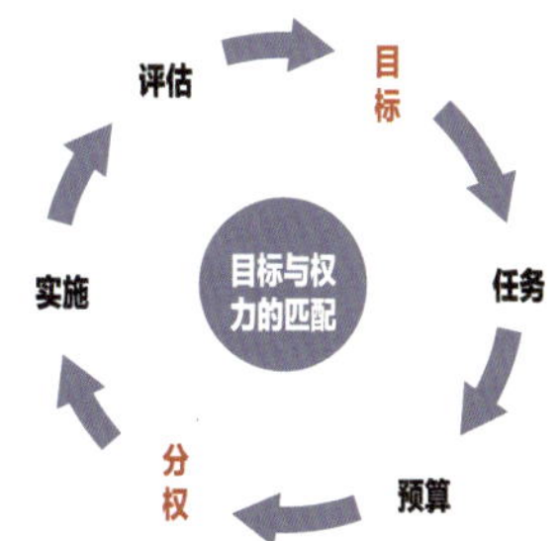

图10　目标与权力匹配闭环关系

（3）学习与创新相结合。

过去很多企业干部学习，大多数寻求的是“创不如抄”的实用主义做法，在当今变化快速的时代这种实用主义做法就显得跟不上趟了。当下干部需要掌握学习闭环和创新闭环的系统关系，依据目标和需求，剖析清楚自身问题，回溯问题本质，基于目标创新式的提出更好做法。如图 11 所示，当从终端发现一个问题或者一个好的做法 / 经验时，学习闭环作为基础闭环，起到沉淀优秀经验、不断迭代赋能的作用，为创新闭环提供基础养料（数据、相关性分析、共性现象等），而创新闭环则在学习闭环和基础养料的加持下，创造性地解决问题。变革时代更需要企业干部善于在学习中创新，创新中学习。

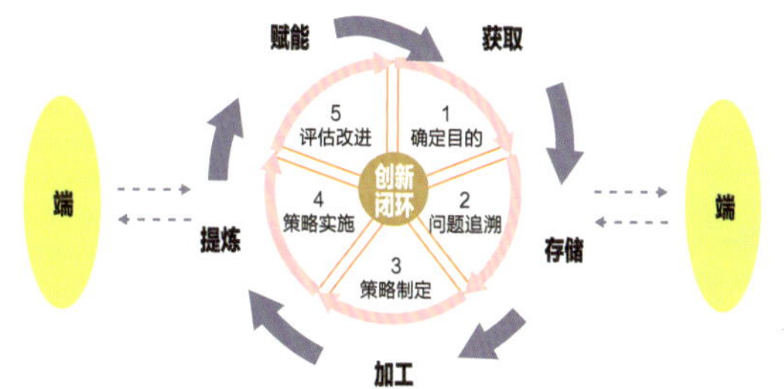

图11　学习与创新的融合闭环

（4）控制与赋能相结合。

受文化影响，国内很多干部对威权意识非常看重，常常陷入管理就是“控制”的思想误区，要想管得好，就得梳理好干部、员工、组织、市场等对象之间的关系，如图 12 所示。当前环境已经要求企业必须从员工面朝领导、屁股对准用户，转变为员工面对用户、屁股对准领导，不可能仅

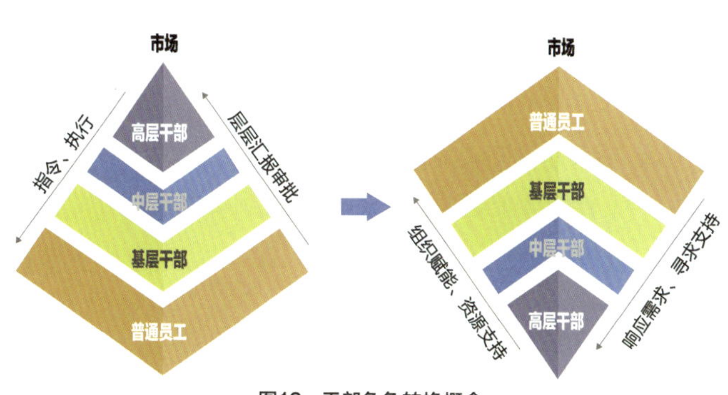

图12　干部角色转换概念

仅只依靠企业干部来应对多变的市场需求。因此这就需要干部增强群众意识，弱化威权意识，深刻理解赋能式管理的要义，管理不仅仅只会控制，更要积极地给予业务单元赋能，并系统建立组织赋能的机制和能力。

（5）忧患意识与势能相结合。

没有忧患意识的干部不是好干部，但过度忧患对企业和团队也并不是好事。为此干部要创建一个既要有忧患意识，又能巩固团队能打胜仗的场景状态。如图 13 所示，需要系统认知信念信心、忧患意识、势能、行动之间的关系，并制定有效的措施，持续保障组织队伍的良好竞争状态。这里借助抗日战争和解放战争历史举个不恰当例子，来大体感知一下团队共情结构的总体逻辑。

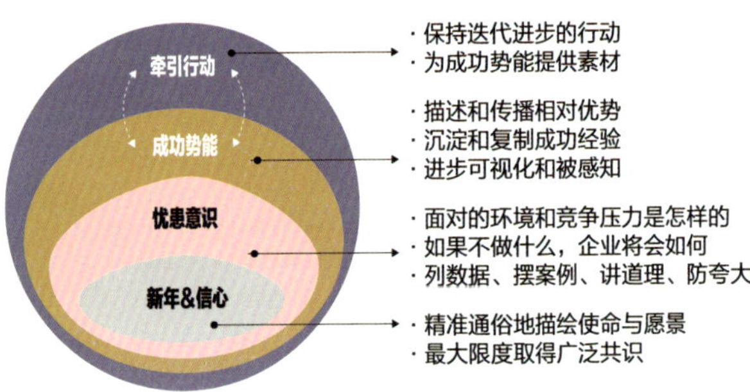

图13 团队共情体系

● 打土豪、分田地，争取群众广泛支持，坚定作战信念。

● 认清敌我双方的优劣势，做最坏的打算，做最好的准备。

● 通过成功愿景，牵引和快速行动，通过关键成功行动，支撑成功势能，积小胜，得大胜。

总的来看，不管是什么层级的干部，都需要将建设团队共情体系的角色融入本职之中，这样组织才能够真正激发活力，起到凝聚势能的效果。

3. 新能力：新环境下干部需要重视的三项能力

如图 14 所示，这三项能力对于干部来说，都是应重点考量并持续快速发展的能力。除了自身要加强学习外，组织还应该在这三方面给予一定的赋能和支持，比如多媒体制作、学习交流等方面的资源支持。

01 方向描绘能力
将理念和业务规划，采取有形和无形的方式，通俗易懂地传递给关键对象，并获取广泛共识

02 组织构建及引导能力
打造流程化、自主自助化、赋能型的组织能力缓解变化带来的组织震荡、人员震荡的冲击，化解危机和矛盾

03 科技及产品化意识
掌握科技发展趋势，了解科技与商业模式结合趋势，理解用户导向的产品化思维

图14 新环境下干部三项重要能力

后记

本文从三个方面，即认知逻辑的变与不变、组织能力（土壤）的构建框架、干部自身能力建设的三要素，做了框架性的描述，受限于篇幅，部分模型和体系未能详细展开论述，希望谨以此文为广大企业管理者和人力资源领域从业者带去一些方向性、框架性的启发。

古往今来，
干部管理是一切人才管理的
关键与核心。
领导决定了组织的成败，
部门经理的水平影响着部门的
绩效，例如在项目管理过程中，
合格的项目经理是保障项目实
现收益、顺利完成的根本保障。

管理干部如何适应新时代的要求

赵磊　任艺　尚彩云 | 北京华恒智信人力资源顾问有限公司顾问

作为一个中层领导，既是企业战略执行的主力，更是企业发展的根基。由此可见，管理干部对于组织的影响非常之大。

由于干部的素质与能力对组织绩效有直接影响，因此很多单位都在思考：如何提高干部的领导力？如何提升干部在团队管理过程中对下属的考察、评价和培养能力呢？如何提升干部以及干部后备队伍的职业操守、个人道德素养呢？以及如何维护干部队伍的稳定性、提升其团队作业能力呢？

2006年4月，华为专门成立了组织干部部，这与较大型国有企业专门为加强干部管理而专门设置“中组部”有异曲同工之妙。毛主席也曾说过：“正确的路线确定了以后，干部就是决定性的因素了。”类似的还有惠普公司在中层管理者的培养上面也投入了非常大的精力，2002年年初，中国惠普公司特别在公司内设立了“领导力发展中心”，打造经理团队的核心领导力。

我们在常年跟踪优秀企业的干部管理的做法与经验后，总结出华为干部管理发展脉络的三大特征，值得其他企业借鉴与思考。

特征一：

华为不断强化干部管理，将人力资源管理活动分设为人力资源管理与干部管理两个主要职能，加强了两个方面的建设。

2018 年 7 月，任正非在指导人力资源工作中，专门强调：华为现在的人力资源过于权利中心化，容易出现“指鹿为马”的现象。因此，未来华为的人力资源体系包括人力资源体系和干部体系两个系统。具体方式为：“把原来在人力资源部具体管人的权限拿出来，建立一个总干部部。”

特征二：

华为公司的干部管理突出管理机制的作用，分别是用人制度、绩效考核制度、激励机制与竞争淘汰及培养制度。

华为公司在多年实践中，总结出比较务实的管理哲学：有以任职资格为核心的用人制度，有以业绩为导向的绩效考核制度，有期权股权、分红权的激励机制，以及配套的定期轮岗的竞争淘汰及培养制度等。正是这些组合拳促使华为公司的人才不断涌现，自发成长。

任正非也说过：“坚持正确的干部选拔、使用、管理与培训机制，使我们的力量生生不息。坚持正确的干部管理与制衡机制，使我们的事业长盛不衰。”

特征三：

用人大胆，舍得给权，“让听得见炮火的人指挥”。

“以客户为中心，以奋斗者为本”是华为管理文化的精髓。任正非在一次销服体系奋斗颁奖大会上呼唤：让听到炮声的人呼唤炮火！让一线直接决策！“让听得见炮声的人来指挥战斗”，其做法的实质是组织决策权的下沉问题，其核心是授权基层干部，形成“基层团队铁三角”的工作模式。几年下来，很多现今快速成长起来的华为干部，很多都是在当初所设定的“授权基层”策略下成长起来的。

由此可见，成功企业在干部管理方面做出的努力以及干部对组织的重要性。而干部管理同样要不断创新，适应环境与人群的变化。我们最近在为很多企业提供人才管理咨询与服务的过程中，经常被咨询的三个问题，借此文章机会分享给大家。

1 第一个问题：随着 90 后、95 后这些新新人群不断加入企业，被管理的群体不断变化，因此未来的人才管理模式也相应改变。

2 第二个问题：在未来企业从重视硬件资源投入向重视人才培养的转化过程中，干部管理的差异和调整方向在哪里？

3 第三个问题：新人（后备）不断上岗成长，如何实现人才的系统性培养，打造不断涌现人才的培养机制？

第一个问题：随着 90 后、95 后这些新新人群不断加入企业，被管理的群体不断变化，因此未来的人才管理模式也相应改变。 1

科技的进步、人员的更迭都在宣告一个新时代的来临，随着 90 后逐渐步入职场，其表现出的自主意识已经超越前几代人。陈春花教授在其《激活个体》一书中曾经说过："有时站在年轻的同事之中，他们表现出来的跃跃欲试的欲望，以及无边界的创新能力，让我惊叹。同时，我也深深地感受到，如果还是以过去 100 多年的管理理论与知识，来对待今天的成员，可能会有些问题。"

新新人群，他们的自我意识极强，原有传统的人事管理的活动与管理方式已经难以让其愉快地接受管理决策与任务了。错误的沟通与管理方式，可能会直接影响团队的稳定性与团队成员的工作状态。因此我们发现，未来的员工管理模式将由"自上而下"的传统管理模式，逐渐转化为"网格化、合作模式"的工作关系。

我们曾经服务过的一家大型央企，平台知名，待遇优厚。只要一到招聘季，知名院校的应届毕业生都蜂拥而至。但是，这家企业近几年竟然出现了人才入职时间不长就大批流失的现象。领导对此疑惑不解，邀请专家老师们去基层调研，大多数"不错的员工"反映的是：企业长久养成的官僚作风与现代年轻人的自由成长与尊重的观念之间产生冲突，是导致人才流失的主要原因。被访者举了一个例子：领导安排工作任务的时候，如果员工不理解，询问"为什么要这样做"，领导通常会回复"你不用知道为什么，你这个层面只需要负责执行"。而不少有个性有能力的员工不愿在这样的工作氛围中长期工作下去，而选择离职。可能在一般干部眼中，员工应该对工作倍感珍惜，因为领导的一句话或个人作风，就放弃优渥的工作机会，是不理智的。但现代的 90 后、95 后，个性鲜明，自主意识强，完全没办法接受很多管理者将员工视为"机器"的思维。随着时代的发展，越来越多的从业人员成为知识工作者，他们拥有知识并因此拥有了自主能力。因此管理干部的管理方式也要转变，传统的泰勒时代仅以监督检查为主的管理方式，难以应用于具有超强个性化的管理对象身上。

我们总结出在不同发展阶段，员工与企业组织之间存在的三种关系模式（见下表）。

员工与企业组织间的三种关系模式

员工与组织之间的关系	特点	代表单位
第一阶段：传统的层级关系	层级关系指员工需要处在企业多层次的管理层级中。在层级结构模式中，信息需要一层一层地流动与传递	传统政府机关、生产工厂等
第二阶段：团队建设的合作关系	合作关系指在相互信任的基础上，员工与企业为了实现共同的目标而采取的共担风险、共享利益的长期合作关系	项目制管理模式，分工协作的单位关系
第三阶段：以优秀人才为中心的网络关系	网络关系是指个体通过组织所拥有社会化、网络化的资源与平台显现自主性，进一步促进组织资源与平台的社会化、网络化	苹果、腾讯、阿里等以核心人才为中心的柔性工作小组合作模式

因此，随着新时代 90 后个体对于知识和信息的把握，以及个体能力借助于技术发挥得更加强大的时候，以往雇用型的管理习惯，将受到巨大的挑战。成员与组织之间的关系，也不再是层级关系，而是合作关系，甚至是平等的网络关系。这也意味着作为管理干部，如果一再强调自己的管理权威，想通过复杂的流程、不透明的信息实现对员工的控制是不可能的。作为新时代的管理干部，我们的人力资源管理理念也要与时俱进，适应新环境与新要求。

在干部与员工关系方面，华为针对干部与年轻人之间关系处理时经常有这样几句话，值得其他企业借鉴：一是相信"力量在民间"；二是建立共享型价值观的组织；三是鼓励员工参与民主生活会，对干部的改善提供建议。通过一系列手段，让组织成为尊重、进步、积极的好组织。

建立新型关系是不容易的，一般人员的行为

习惯是很难改变的，关系改善来源于行为改善，行为改善来源于角色定位调整。2014 年前后，任正非在一次干部会议上强调："我们的中高级干部要学会经营组织，学会以组织行为去推动进步，增强组织弹性。我们已经在航空母舰上了，但有的高级干部手里还握着桨。"这句话的含义就是企业在不同阶段，对干部的要求也在改变，因此不能故步自封，忘不了原有的工作习惯，只有成长，才能减少管理成本，才不会将高成本转嫁给客户。

2 第二个问题：在未来企业从重视硬件资源投入向重视人才培养的转化过程中，干部管理的差异和调整方向在哪里？

在人群需求多元化、新型工作关系逐渐形成的新时代，固守着传统的管控模式，会让员工流失得更快。改善管理风格，让员工更愿意留在企业，是管理者的新课题。面对新新人群，干部管理的工作方向也要有所调整。

基于管理对象的变化，传统的"指令式""无原则的服从"的下命令为主的管理方式要转变为以"沟通、激励、辅导"为主的管理方式，从对员工严格监督检查的管控管理模式转化到为员工赋能、充分调动员工的积极性、发挥员工的创造力的模式。

图 1 是两种领导类型的对比说明。

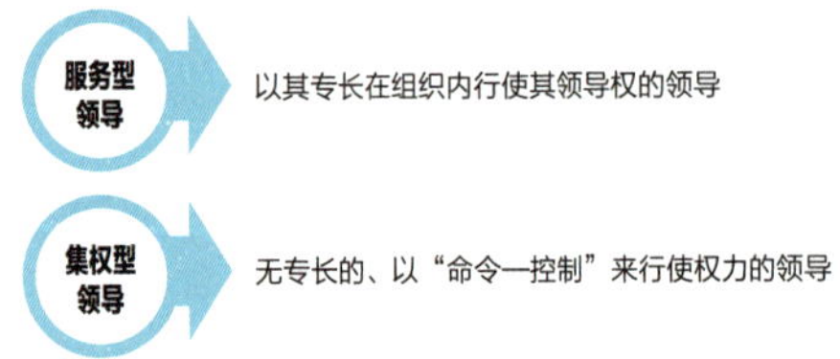

图1　两种领导类型解析

管理干部如何做到从管控型到赋能沟通型转化？我们通过调研"大量年轻员工愿意跟随的领导特点"，总结发现，具有"亲和力强 + 高技术专长"特点的管理者，是年轻人普遍希望跟随的领导。因此管理干部要成为具有一定专业能力的复合型人才。即一专多能且有"人情味"的领导。

哈利·哈洛，原名哈利·伊斯雷尔，1958 年当选为美国心理学会主席，他做了著名的依恋试验。在试验中，他将一个幼崽小猴和妈妈分开，并分别制作了："木制母猴""铁丝母猴"。木制母猴包裹着温暖的棉花，铁质母猴身上带刺，但有奶瓶可以喝到奶。科学家想看看，饥饿需求对猴子有多大的影响。然而，经过试验，科学家最终发现猴子只有 15% 的时间待在能吃到奶的铁丝母猴身边，其余时间都待在温暖的木制母猴身边。

这说明"关心、情感的关注"对留住人才是多么重要，因此作为新时代的领导人，要学会如何关心年轻人，当然也需要从克制自己开始，从不够尊重年轻人、乱发脾气开始改变，让自己变得更有人情味。这样才能让更多的年轻人愿意为你的组织付出，真心想留在组织里贡献自己的价值。

3 第三个问题：新人（后备）不断上岗成长，如何实现人才的系统性培养，打造不断涌现人才的培养机制？

针对这一点，我们总结了三点经验（见图 2）。

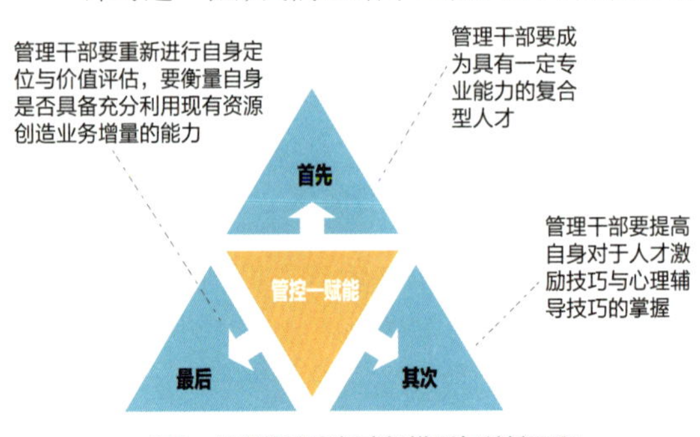

图2　优秀管理干部成长模型与关键手段

经验一：
从谁值得培养方面入手，需要建立系统化的干部选拔机制，确保培养正确的人才。

不是所有的人才，都能成为优秀管理干部的。因此需要明确优秀人才的胜任素质标准以及建立配套科学选拔系统，确保让有潜质的人才可以脱颖而出。

我们曾经在咨询项目中，接触过一家处于从初创期向成长期过渡的民营企业。伴随着整体行业发展所带来的企业业务快速发展，很多干部被火速提拔，匆忙上阵；同时人力资源部天天忙于招人，不断从其他企业挖人。但既没有统一的用人标准，也没有设置考核及胜任条件，这导致了各部门各自为政、管理随意性极强。有的采取哥们团伙式风格管理，有的采取家族式管理，有的采取俱乐部式的管理，甚至有的部门领导一年之中，换了多种管理模式与重点，一会儿是法家文化，一会儿强调无为而治，不一而足。以至于投资者来考察期间，给出了“乌合之众”的评价，并因此放弃了难得的重大投资意向。这个时候，该企业老板才意识到必须要对管理干部进行职业化培训了，但是应该建立什么要求与标准？怎样培养干部达到胜任要求？在此背景下，该单位领导请我们帮助其建立针对干部的任职资格体系，来挑选及培养符合企业发展职业化要求的干部。

我们的顾问团队分析该企业的特点，提出干部的任职资格的六项核心维度：①职业角色与定位规范化；②职业技能与提升方向；③不同情境下的职业行为合格标准行为量表；④职业素质与职业价值观要求；⑤管理责任与要求；⑥知识结构与资历条件等方面，通过建设素质模型既为该企业干部的提升明确了方向，也帮助管理者自身学习与提升明确了努力方向。

实践表明：在素质模型引入、评价、提升参考依据的实践活动的牵引下，干部会自动自发地修正自己的不职业行为，提升干部的胜任能力，增加了管理素质以及竞争力。据 1991 年美国教育部的调查和统计结果显示，全美众多企业，凡是引入素质模型或者任职资格的企业，平均有 68.2% 的中层管理者在教育培训方面得到雇主的实质性支持，包括课程有标准的学习方向，节省了学习无效投入，到 20 世纪 90 年代中期，美国企业界每年的培训费用是 450 亿美元，其中 1/4 以上用于经过选拔的优秀中层管理者或者后备管理人才身上的，因为这些企业家发现：培训具备潜质的干部比培训费用投入本身更重要。

在人才测评工具方面，仅仅用科学选拔工具无法确保选拔 100% 的准确性，因此需要建立配套的试错机制，即无论谁上岗，均需要实践考察，经过考察其基本能力与业绩后，方可以任用。同时，一定坚持定期轮岗制度，避免出现人员懈怠的局面。

经验二：
关于干部学习提高的方法。

一方面，从管理干部个人能力提高角度，提高的方向要从“单一的鼓励专业与业绩导向”向“优秀领导力角色与行为导向”转变，干部要学会沟通、赋能（授权）、激励与评价等管理活动，以及如何认错等，有利于留住与激发新生代人才；另一方面，从组织角度，建立一个学习型组织，让人才能够自动自发成长与发展，如企业大学的建设。

从管理干部个人能力提高的角度，管理干部要提高自身对于人才激励技巧与心理辅导技巧的掌握。人才激励技巧即调动员工积极性的方法，管理干部需要由过去的结果型激励向全过程管理活动激励转化。心理辅导技巧是在员工受到情绪影响时，帮助员工进行情绪管理的方法，要求管理干部要从传统的自我情绪控制逐渐向心理辅导转化。例如：谷歌人力资源部门副总裁拉斯洛·博克（Laszlo Bock）通过绩效评估、调查反馈和提名最佳管理者等多种数据，并结合大数据采集分析挖掘等功能，发现了管理者 8 个能力素养，排在前三名的分别是：成为教练、适度授权及关注下属的成功与幸福。由此可见，管理干部要将自己定位为员工的教练，对员工进行激励、辅导，帮助员工获得成功与幸福。

从组织角度，建立企业大学或者终身学习的机制，促进人才按序发展，让个人的能力提高与组织核心竞争能力提高相一致，实现双赢。

另外，企业也需要为管理干部提供一定的实践机会，使管理干部有机会将所学内容，不断通过刻意练习的方式逐渐掌握与熟练运用，改善管理行为。有条件的企业可以考虑建立干部大学，如党办学校，党校、团校的方式，达到自动自发纠错、自动自发出人才的效果。通过有效的培训、实践等活动，使管理干部能够从职业意识、职业技能、职业经验三维度进行全面提升，以适应新时代的干部提升的新要求（见图 3）。

图3 组织如何培养胜任新时代需要的管理干部的几项技术工具

经验三：建立配套的组织保障措施，让人才在组织工作中成长起来。

一方面，定期调配人才，建立轮岗机制，实现人才复合成长；另一方面，建立配套的成长中的考评机制，引入价值考核，“考增量不考存量”，实现个人内在成长需要与外在促进成长机制的一致性。

经过我们长期跟踪研究发现，如果重要岗位只有一个人的时候，往往这个人很忙，要求也高，组织绩效更多依赖于这个人的能力与影响力，后备提拔的人员由于缺乏台阶支撑，难以培养出来。企业会认为这个关键岗位的人才难以替代，但同时组织风险却在不断加大。因此在组织模式设定方面，我们推荐引入关键岗位配置助手、配置值班经理的模式，例如麦当劳、肯德基，会为店长配置值班经理多人，每人工作一段时间，轮岗工作。后备管理者长期

在这样的模式下获得训练培养，人才培养的速度远远大于让一个人成长与发展的模式，组织也会更安全，不会因为个别人才的离开而损失巨大。

另外，为了避免后备干部与原岗位干部在工作中互相搭顺车的局面，我们经过多年的研究跟踪，建议企业可以从以下几个方面入手。

第一，明确责任到具体人，明确量化任务分解到人。中国有句老话：一个和尚有水吃，两个和尚抬水吃，三个和尚没水吃。所以解决问题的方法就是一个人一口缸，自己打水自己吃，才能让其搭顺车的心态降到最低。

第二，建立科学的评估指标体系，采用“评价增量价值”的模式，即以历史业绩为基础，由于增量出现是干部能够胜任管理责任的关键。通过增量评价，反映管理者在组织中的价值。华为也在部分岗位引入了这样的评价模型，任正非说：小草再怎么浇水也长不成参天大树，人选错了，企业就做不起来，如果价值评价错了，企业就做不大。他们也是不断推行：增量绩效管理。华为以“减人、增效、加薪”的增量绩效管理理念为核心，实现了即使员工下降 50%，人均劳动力增长 80%，销售收入增长 20% 的业绩。

第三，建立科学的“人事分开的评估系统”，让被评估的人员和干部觉得公平公正。

我们在日常管理工作中，经常有的人工作业绩结果很好，但是工作懈怠拖拉，有的人工作比较努力，但是业绩暂时体现得不明显。这种状况该如何评价？这种状况，无论怎样打分，对方都难以接受，所以华恒智信研究出了“人事分开的评估系统”，即对人、对事分开评价的模式。

对事评价，主要指衡量部门业绩增量情况的评价。对人评价，主要指被评价者在日常工作中的态度与职业行为遵守情况，也可以包含学习情况、文化认同情况等。通过这两种评价方法，实现被评价者能够理性看待自己的真实表现，为改进自己的行为，适应组织的需要奠定基础。

总之：

新时代下新新人才不断上岗，企业、部门的人员结构逐渐年轻化，在对这个群体进行管理与激励过程中，始终抓住“人心、人情”，才能留住人，在这个基础上，需要加强培训，让员工能力提高，进而绩效改善，最终实现组织业绩提升。

干部管理：行走在进化链之端

语言的界限就是思想的界限；
传统企业向未来组织迈进时自组织架构的重构。

谢佛观 | 大型集团公司分公司人资经理 人力资源二级

2018年10月19日，在HRA（北京中外企业人力资源协会）第四届人力资源智慧论坛上，李柏文先生以“迈向未来组织的三道坎”为主题与在座各位分享了两个核心理念：语言的界限就是思想的界限；传统企业向未来组织迈进时自组织架构的重构。杨少杰老师在《进化，组织形态管理》一书关于组织形态管理理论中写道：“基业常青的企业都经过了不断地进化……不能进化的企业将无法适应市场生态中‘适者生存’的法则。”

2018年年初在发起人力资源管理纲要2.0的公开讨论之后，任正非终于开始对人力资源部“动刀”了，把原来在人力资源部具体管人的权限拿出来，建立一个总干部部。在华为2018年7月的总裁办邮件中，任正非指出华为现在的人力资源过于权利中心化，容易“指鹿为马”，未来华为的人资体系包括人力资源体系和干部体系两个系统。当时这一举措在人力资源圈里激起了不小的波澜。事实上，据不完全统计，跨国企业或外资企业中有70%以上的公司已经独立设立干部管理部，或者以项目制的形式将干部管理工作流酝酿并落地。

干部管理，组织进化的自然选择

崔娜在《企业组织结构进化研究》一文中，对中国电器零售巨头苏宁的组织架构进行调查与研究。归纳起来，从成立初至今走过了四个阶段。

→ **第一阶段**

成长阶段（1990—2000 年）筹建之初的苏宁主营业务为春兰空调的销售。

当时的苏宁组织架构比较简单和非规范化，由创始人张近东一人集权。后因分销模式弊端的逐层显现，苏宁进行第一次战略转型，从批发转向零售。随着规模化效应渐起，苏宁的组织结构趋于正规化，职能制组织结构初具雏形。

→ **第二阶段**

连锁阶段（1999—2006 年）1999 年苏宁开启第二次战略转型，从单体空调经营向综合家电经营，组织架构随之从职能制向事业部制转化。

变革前，苏宁的组织结构形式是典型的职能制结构，以南京总部为火车头，全国分公司为一节节车厢，企业只有一个动力源。变革后，火车变为了联合舰队的组织方式，总部为“司令部”，统一计划、指挥、控制和协调，地区管理中心是“旗舰”，各子公司是独立的“军舰”，形成了苏宁特色的“点、线、面结合的事业部制结构”，并兼具矩阵结构的特点。点是分布在每个城市的四大作业终端，线就是按照专业职能划分的上下一条线的垂直管理，横向专业化分工，纵向垂直化管理，面就是以区域为单位的统一组织、统一监督的大区管理体制。

→ **第三阶段**

信息化阶段（2006—2010 年）由于当时市场上下链的变化，叠加公司内部对信息化建设的呼声渐起，苏宁走上了信息化建设的道路。

有信息化平台的有效支撑，苏宁的组织结构功能发展得更为强大，组织层次感更为丰富。组织内部的沟通交流渠道顺畅且多维，岗位的管理幅度和权限有了显著调整，整个组织运作显得有效而灵活。

→ **第四阶段**

云商阶段（2010 年至今）苏宁的发展节奏很好地踩准了 B2C 这个新生事物，云商模式很快出现在苏宁的战略版图内。

建立并维护线上销售渠道以捕捉年轻时尚一族的消费人群，同时不断对外开放苏宁的核心竞争力，塑造“零售服务商”的对外形象。这种模式对苏宁的组织架构提出了全新的要求，苏宁的组织机构更为扁平化，由事业部制向网络结构进化。

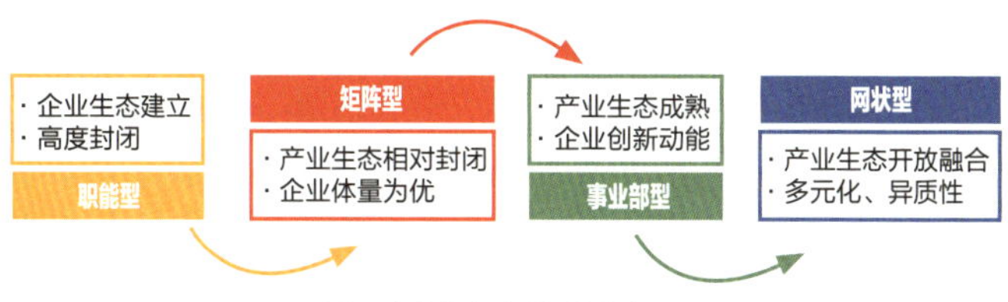

图1 企业组织架构进化路径

追寻苏宁组织架构变革的四阶段，不难发现一切的转化皆是由外部环境即制度规则、产业格局、行业特征、竞争态势、资本结构、资源配置、科技动能、渠道能力以及内部环境即公司股权结构、治理能力、技术能力、资金能力和企业家偏好相互作用、协同转化的结果。

企业组织架构进化的路径如图 1 所示。市场生态族因为生产力的变革而发生同频转型，组织形态在受到市场生态环境的影响下，主动或被动地发生了形态进化以更好地适应当前的市场生态。

哈耶克曾指出，一切经济问题的产生，总是并仅仅因为情况发生了变化。当整个组织所处的大生态发生了变化，组织就会面临自身知识行为规则革新的挑战。此时此刻，组织进化孵化的土壤形成了。事实上，组织进化的底层逻辑是适应自然选择，这也是后续选择自然的先决条件。这一点正好印证了达尔文适者生存的朴素观点。

并不是所有的变革都可以在自然选择面前生存下来。面对外部制度规则的压力，组织内部个体单元经过相互碰撞后会形成全新更优级序列，通过不断地与外界交互不断地调整内部结构最终呈现的新秩序必须为股东投入资本提供更高报酬时，新秩序才会被企业采纳。而原有的秩序则会被打破消亡或者秩序残留被动地代入新秩序中，被重构为新规则的一部分。

作为企业组织架构的子单元人资体系，伴随着产业价值链从低级向高级不断演变，先后经历了劳资关系、

人事管理、人力资源等阶段。每一次的转型与发展，都伴随着所在组织产业特征和组织形态的变革。

在任正非讲话纪要中指出："（华为）现在是人力资源管控过度、干部来自业务一线的人员较少，对业务的具体运作、变化的战略洞察知之的更少。因而要求人力资源体系主要负责公司人力资源政策与规则的体系性、专业化的建设；而干部部体系主要负责在人力资源政策与规则框架下，将政策与规则与业务部门的实际相结合，具体执行人的管理，最终让政策的效果能达到预期，符合差异化实际需求。"这些讲话一针见血地点到了当下中国企业人力资源管理遇到的新瓶颈。目前企业人力资源体系的设计参数更偏向于"直接监督"而非"相互调节"，缺乏了"场景因素"参照。正如亨利·明茨伯格在《卓有成效的组织》一书中写的那样，现代网络化组织形态离不开正式权利流、受控活动流、非正式沟通流、工作集群以及临时决策流这五大方式的运转。

现有的人力资源部已经无法满足企业的需求，继而出现办事的是人力资源部，出台政策的是人力资源部，监督反馈的是人力资源部，最后负责奖惩的还是人力资源部。将诸多功能集于一身的人力资源部稀释了自身的专业能力和专注方向。聚焦于人才发展的干部管理部（项目）的出现无疑顺应了企业组织自身发展的自然规律。

面对人性，中西合璧的思想精髓

任正非在讲话纪要中对干部管理部的定位是："人力资源部就是要从管规则角度去思考，而总干部部更多的是要从管人的角度去思考，两个方面都一定要真真实实的管理到位，才能帮助打胜仗。总干部部是公司整个干部管理的 COE（专家中心）。要把干部、专家、职员全部纳入进来，面向不同业务和对象进行政策适用的差异化匹配。"再细看华为干部管理七步曲，从干部使命、选拔标准、程序、培养激励到干部监察，从中可以看出华为成立干部管理部，从而丰富人资体系，是将人才发展的关注上升到了战略层面，而这背后是华为对人性的深刻解读。

这一点贴合了儒家孟子的管理思想。儒家思想是中国几千年来的主流思想，深刻影响着中国经济政治和文化。"乐民之乐者，民亦乐其乐；忧民之忧者，民亦忧其忧。"孟子这句话是对齐宣王说的，意思是说，圣明的君主总是与民众同甘苦共呼吸，心中装着天下百姓。这样，他们就会受到民众的拥护，成为英明君主。国君掌管一国朝政如此，企业家在企业管理中，也是一样的要体现人本思想，人性化管理，充分考量员工的发展要求。邓峰在他的《儒家哲学与企业管理》一文中也表达了类似的观点。孟子："或劳心，或劳力。劳心者治人，劳力者治于人。"知识型社会大量劳心工作者出现，要充分发挥劳心工作者的效率，使他们在决策中承担一个积极的角色、智慧的角色和自主性的角色。孟子的这些治理思想在华为干部管理中皆有体现和应用。企业治理从刚性的制度规范兼容了柔性的人文管理，将企业发展与员工的个体发展紧密结合，是现代管理的进步。

在工业 4.0 时代，强化以人为本，激发人的潜力已经成为这个时代的生存法则，组织生态下将会淘汰一批不基于人性设计的管理群体。西方管理经典理论超 Y 理论在这一方面提供了指导价值。

超 Y 理论是基于“人的复杂性”发展的一种新的管理理论，也被称为权变理论。超 Y 理论基本观点如下。

- **员工个体的需求是不同的，员工会因为不同的需求和动机加入组织，其中最重要的是实现其胜任感。**
- **由于人们的胜任感有不同的满足方法，所以对管理要求也不同。**
- **组织可按不同员工的特质尽可能地设计和丰富工作内容和奖惩激励措施，以激发员工的内在潜能；当工作性质与组织形态适当匹配时，员工的胜任感最容易被满足。**
- **当员工的胜任感获得满足后，又会有新需求的生成，组织可通过改变工作环境，岗位职责，工作目标方式等以提高工作效率。**

在超 Y 理论的架构中，工作、组织、个人和环境等因素需要协同联动，这自然要求管理者需要尊重人性，一切从人性的角度去设计制度规则，发挥人性的优势，最终实现人性与组织的共生与共赢。VUCA 时代下要求组织更为敏捷，能够快速响应外部的变化，组织结构偏于扁平化、网状化，同时进一步激发员工潜力。

华为干部管理部需“从管人的角度去思考”“面向不同业务和对象进行政策适用的差异化匹配”，这一管理思想源于中国儒家哲学，又与超 Y 理论精髓是一致的。新商业时代的到来，企业与客户之间联动的媒介发生了改变，推动了企业自身资源能力、技术能力、渠道能力、运营能力、资本能力的迭代。这种迭代的趋势只会伴随着新科技动能的驱动不断深化，尤其在未来的人工智能时代。人工智能为我们开启了更为便捷，高速的科技通道，大量的重复性初级工作将交给智能机器人完成，而创新、人性、美学将给新生代人类更多遐想的空间。现代企业管理闪现人性的光辉将是整个社会进步的自然选择,适者才能活着，活得更长久。

人才与发展，干部管理的方法论

更好践行干部管理，始终无法回避两个话题“人才”与“发展”，也就是需要从“Who”和“How ”两个维度切入。

关于人才，回答“Who”。干部管理，我们首先要解决的是哪些人可以被认定为人才，即人才识别。人才识别是基于一系列工具技巧对人才底层素养，知识结构、专业技能、业绩贡献等的价值性的衡量过程，是一个系统化科学化的动态评价体系。建立干部准入机制，完善干部评价基值是第一要务，在整个企业活动中发挥导向功能。在设置准入门槛指标上，践行核心价值观是衡量干部的基础，品德和作风是干部资格的底线。同时匹配以科学的量化工具和模型，以评价干部的业绩达成，价值贡献。在此基础上，附加以趋同公司导向性的优选条款，例如华为优先从成功团队中选拔干部；优先从主攻战场、一线艰苦地区选拔干部；优先从影响公司长远发展的关键事件中考察和选拔干部。同时厘清干部任用程序，在评价主体方面，应科学选择评价主体，根据不同的评价对象给予不同的评价权限并承担相应的责任和义务。将建议权和建议否决权授予日常直接管辖或矩阵管理的相关部门；代表日常行政管理的上级组织机构具有审核权；代表公司全流程运作要求、全局性经营利益和长期发展的组合具有否决权和弹劾权。完善人才评价监督机制，防止有权部门相互勾结，内部腐败。通过评价主体独立化、评价方式多元化、评价内容立体化，实现人才识别体系的公平、规范、科学和高效，实现人才评价整体功能最优。一个组织内部的人才识别体系建立的完善度在一定意义上体现了整个组织内部协调性的优劣。

关于发展，回答“How”。谈到人才发展自然会简单地等同于组织培训，实际上人才发展是一个系统性的工程，是基准、数据、规则等一套全方位的学习发展与评估的有机统一体。

人才管理项目设计和行进时应将组织发展目标与员工提升需求相一致，即“自上而下”和“自下而上”两者相辅相成，从长远来看彼此的利益关键点是统一的。对于组织而言，尽可能多地为培养对象匹配各类资源，比如课堂直教、场景还原、OJT（在工作现场内）；对于潜在人才而言，强调自主学习提升的内驱力，引导他们建立独立个体成长路径时间轴，在既定的时间段内完成自我学习、自我完善、自我复盘、自主监督的职业发展地图。

关于**人才发展**，可借鉴 **OODA** 模型，又称为**“包以德循环”**。**OODA 是**
观察（Observe）、
调整（Orient）、
决策（Decide）、
行动（Act）
的英文缩写。
包以德循环的发明人是美国空军上校约翰·包以德（也译作博依德），原本是用于空军作战，但在企业管理中同样具有积极指导意义（见图 2）。

OODA 循环理论的基本观点是：武装冲突可以看作敌对双方互相较量谁能更快更好地完成“观察—调整—决策—行动”的循环程序。双方基于观察，获取相关的外部信息，根据感知到的外部威胁，及时调整系统，做出应对决策，并采取相应行动。就企业人才发展而言，“观察”可理解为观察现有企业内部人才存量质量、人才结构与稳定性、未来人才发展趋势、人才培养模式等。“调整”可理解为通过观察对环境进行判断，找到问题和原因后，通过调整进行自我修正或重塑。调整为 OODA 循环中最为关键的一环。“决策”可理解为根据调整后的靶向目标，规划制订路径图和时间轴。“行动”则是以上一步决策为先导，进行实施并及时复盘，通过不断地提炼回顾，修正纠偏以达到预定目标（见图 2）。

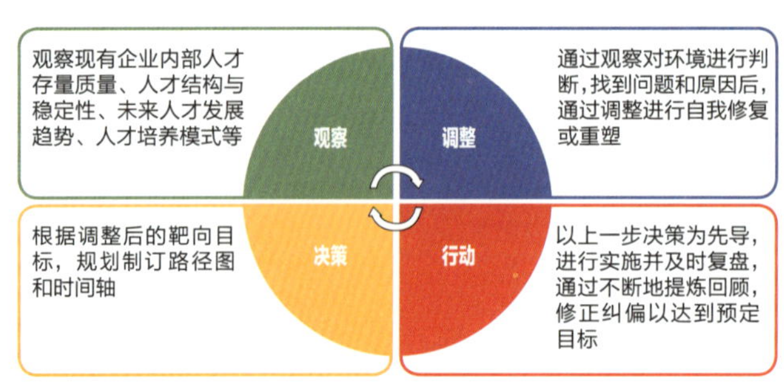

图2 OODA模型

人才发展是企业发展的根本，干部管理系统则为人才发展提供了方向和制度保障。商海沉浮，尊重人性、因势而生的干部管理将在组织生态进化链中继续向前，未来的发展与演变将会由更多的新生代为我们揭开。

评语

本文以苏宁组织进化的实例说明组织在内外环境驱动下变革发展的必然，进而通过分析华为设立总干部部的动机和思路，以“人性”的视角，从“人才”与“发展”两个角度提出干部管理的原则方法论。文章立论深刻、引述丰富、文字精练，具有思想性和可读性。

推荐指数：5

变　革　时　代

引擎的领导力干部管理

华为在 2018 年 7 月重磅成立"总干部部"，
强化对干部的选拔、培养、评估、激励等管理工作，
人力资源管理与干部管理分拆而治，一时在人力资源管理界引发热议。

兰青秀 | 西安智睿思信企业管理咨询有限公司创始人，西安交通大学管理学院 MBA，国家注册管理咨询师，国际注册管理咨询师 CMC，国家人力资源管理师。

为什么要“分拆”干部管理

从理论上讲，人力资源管理与干部管理的出发点是不同的。人力资源管理站在组织管理的角度，关注对“人”的管理，强调组织规则和工作机制，目的是建立、维护组织高效运行的秩序；而干部管理站在组织发展的角度，关注“人才”的价值，强调对“人才”的有效识别、个性培养、合理评价和高度激励，目的是为组织的快速稳健发展提供“极具组织特色”的后备人才。

从实践上看，一般意义上的人力资源与具有“领导意义”的干部，具有不同的成功之道，因此在成长路径上是显著不同的。这里揭示了一个比较残酷的事实,类似对“学而优则仕”的批判性思考：员工在基础岗位上表现优秀，并不代表他一定能胜任领导岗位。这也是著名的“彼得原理”侧面揭示的秘密。因此，造就干部，必须“另辟蹊径”。

从场景上谈，“快速变化”是“互联网+”后半场的典型特征，组织的发展方向变化迅速，组织将越来越柔性化。那么，庞大的组织必然面临“尾大不掉”的困扰，必须将“大船”有效地切分成众多“小船”，否则难以适应时代场景的转换。因此，“阿米巴”成为目前管理界很流行的组织变革理论之一。每一个“小船”都需要一个“舵手”，来掌控这个微型组织的方向。因此，原组织就被赋予了一个重要的使命，就是培养这些“舵手”，这就是干部管理。

变革时代干部管理的新内涵

追根溯源，“干部”一词是日本人意译法语“cadre”（骨骼）得来的，字面上大致是“骨干部分”的意思，常被引申为军队、国家机关和公共团体中的骨干人员。在中国，国有企业是将“干部”的称呼从机关团体“嫁接”到企业组织的媒介，使得“干部管理”走进了企业管理的领域。

一直以来，干部管理都是极为严谨的，有一套非常体系化的管理程序和规则。变革时代来临，企业组织面临变幻莫测的商业环境，这对干部管理提出了新的要求，也赋予了干部管理崭新的、更为丰富的内涵。

在这个充满变革的时代，如何使得这些企业的“干部”能够成为组织发展的“排头兵”呢？一个至关重要的引擎就是领导力。与传统的管理者“重视秩序”的立足点迥然不同，变革时代的干部要有“随时投入战斗”的状态，能够在商业环境快速变化的“大海”中“乘风破浪”，带领团队平安驶向彼岸。这种区别于以往干部管理的能力定位，就是“变革时代的干部领导力”。

领导力成为干部管理的新引擎

与传统的领导力不同，变革时代的领导力，将重点放在把握方向、寻找机会和防控风险等方面，目的是塑造更多的“掌舵人”。这恰恰是变革时代干部管理的战略定位和核心目标。因此，领导力成为干部管理的新引擎。

领导力大师诺埃尔·蒂奇在其著作《领导力引擎》中这样阐述：成功的公司之所以能获得成功，是因为有很多领导者；而之所以有很多领导者，是因为组织能够有意识地、系统地“生产”组织需要的领导者。这种能力正是商界成功的神圣密码。

领导力作为干部管理的新引擎，不能满足于塑造一个或多个具有领导力的干部个体，更为重要的是，要建立这样一个体系，使得组织能够源源不断地输出具有变革时代领导力的、能够有效满足组织未来发展需要的干部。

领导力引擎下干部管理体系建设的四大方略

领导力引擎下干部管理体系的建设是一个系统工程，就像是“栽梧桐引凤凰”的过程，具有“定标准、选种子、强教化、重机制”四大方略。首先要弄清楚组织需要什么样的凤凰，才能栽种能够吸引凤凰到来的“梧桐”；“凤凰”来了，是否适合在这颗“梧桐”上栖息，需要鉴别与选择；选出真正的“凤凰种子”后，需要对其进行针对性地培养与训练，让其能够尽快“展翅飞翔”；这些凤凰飞得好不好，需要得到科学合理地评价，从而能够及时激励“领头凤凰”，及时鉴别并合理淘汰凤凰中的“南郭先生”。

从管理逻辑上讲，“定标准”是基础，“选种子”是关键，“强教化”是保障，“重机制”是策略。领导力引擎下干部管理体系建设的四大方略如图1所示。

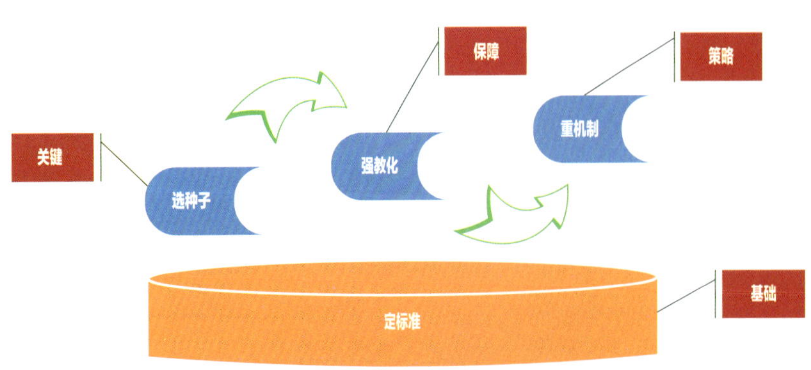

图1 领导力引擎下干部管理体系建设的四大方略

第一，定标准。定标准是干部管理的基础。组织到底需要什么样的干部？这些干部需要具备什么样的素质？这是干部管理的出发点。在干部素质模型方面，既有基于职业素养的共性素质，又有带有组织差异的个性素质。

IBM领导力模型，主要从持续动力、动员执行、致力于成功三个方面来解读领导力，核心是三者交集之处的“对事业的热情”，如图2所示。

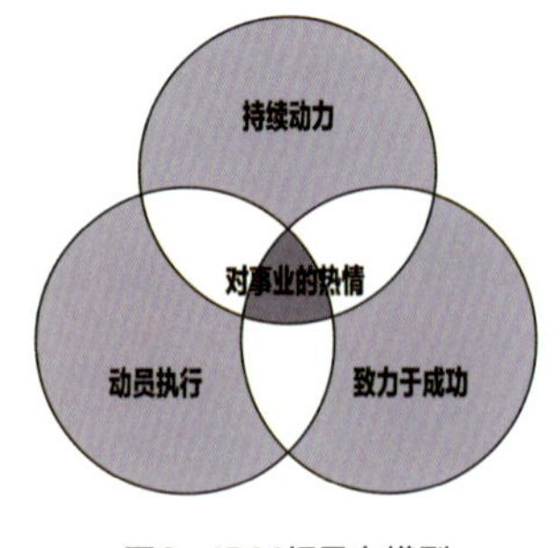

图2 IBM领导力模型

华为干部领导力素质模型，主要从客户能力、组织能力和个人能力三大方面进行阐释，包括3大类9项领导力素质指标，如图3所示。

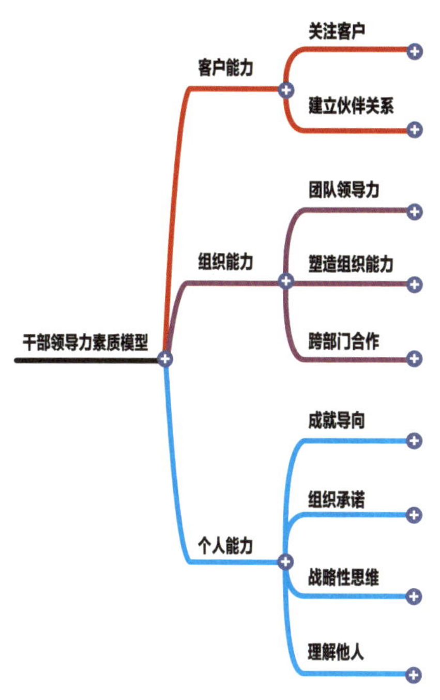

图3 华为干部领导力素质模型

表1 华为干部选拔的4个标准

序号	选人标准	标准定位	标准定义
1	绩效	必要条件和分水岭	绩效前 25% 的人才可以被选拔干部，具有三条标准： 最终对客户产生贡献才是真正的绩效； 关键行为过程要以结果为导向； 素质能力不等于绩效。
2	核心价值观	基础	寻找同心人： 以客户为中心、以奋斗者为本； 长期坚持； 艰苦奋斗。
3	能力	关键成功要素	高层强调决断力； 中层强调理解力； 基层强调执行力。
4	品德	底线	不符合品德要求的干部是要一票否决的； 商业行为准则包括不违反公司的商业行为底线，不贪污、不腐败，不去收受商业交易当中的好处； 工作作风方面包括不拉帮结派，不捂盖子，耐得住寂寞，受得了委屈。

一汽大众公司的领导力模型，主要从头脑、心胸、胆略三大维度进行思考，分解形成了 16 项领导力素质指标，如图 4 所示。

变革时代推动领导力素质关注的重点正在发生着巨大的变化，具有“前瞻思维、大局观念、洞察能力、敏感性、反应迅速、团队作战”等素质的干部，将会是变革时代的弄潮儿。

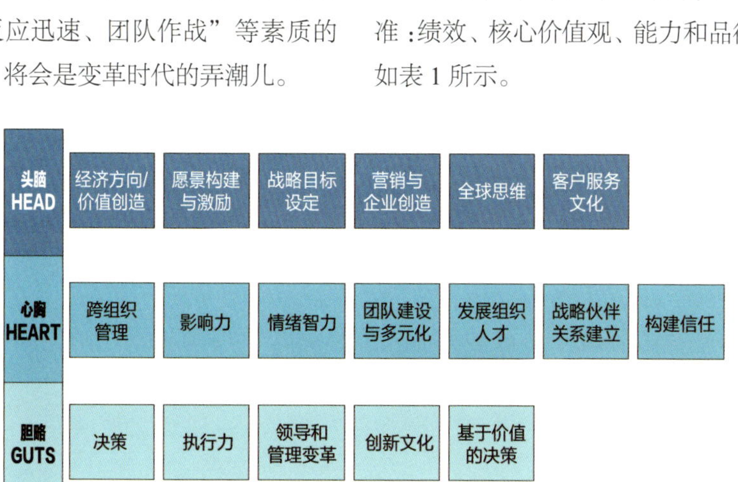

图4 一汽大众公司领导力模型

第二，选种子。选种子是干部管理的关键。哪些人是组织需要的干部？如何能够有效识别并公平公正地把这些人挑选出来呢？这是干部选拔中必须要谨慎的关键问题。干部要是选错了，就会带来培养、激励、淘汰等一系列管理问题，就像那个“让猪上树”的故事，所以必须要选对“天生就能上树的猴子”。

华为在干部选拔上强调 4 个标准：绩效、核心价值观、能力和品德，如表 1 所示。

干部的选拔标准不能搞“一刀切”，要充分结合企业性质、发展阶段、所处行业、竞争环境等因素进行“量体裁衣”。

从企业性质看，央企、国企一般比较注重道德红线、职位层级、历史贡献等；民营企业一般比较注重工作能力、业绩产出、执行力等；外资企业一般比较注重流程标准化、规范化，强调规则意识和业绩产出。

从发展阶段看，创业期的企业看重干部的灵活性、自主性，强调业绩导向；发展期的企业比较看重干部的规则意识、执行力，注重规范性和系统性；成熟期的企业则更为注重干部的全局意识、创新理念和变革精神。

从所处行业看，传统生产制造行业一般倾向于规则意识、团队意识和执行力等；高科技企业、互联网企业等则更喜欢创新意识和能力导向，更强调工作效率和业绩产出。

从竞争环境看，处于稳定竞争环境的企业，在干部选拔上更加注重干部的能力积淀、组织认同、历史贡献等；而处于多变竞争环境中的企业，在干部选拔上更加关注创新思维、全局观念、团队能力建设等。

第三，强教化。强教化是干部管理的一个重要步骤，可以形象地称为“扶上马再送一程”，是新任干部能够成功“转身”的有力保障。一般员工和干部的成长之道是不同的，那些在原岗位上非常优秀的员工，进入领导岗位，却可能不可避免地会有诸多不适应。通过科学合理的选拔标准，我们选来了“猴子”，可是，这些“猴子”能不能快速适应这片树林，还需要组织进行扶持和培养。

华为新任干部的“90 天转身计划”，类似于“新官上任三把火”，为新任干部快速熟悉新的岗位工作指明了方向，如表 2 所示。

很多优秀的干部种子在这个阶段有折戟沉沙的风险，不能很快适应角色变化带来的理念认知、思维方式、行为规则等一系列的变化，导致业务开展和团队管理出现问题。因此，组织必须高度重视这个阶段的“教化”作用，这是干部领导力培养的基础性工作。组织可以采用个性化的方式，但是要注重实效，能够最大限度地帮助新任干部完成“华丽转身”。

第四，重机制。干部管理重在体系化建设，需要建立完善的激励机制和约束机制，这是干部管理能够有效达成目标的策略。干部管理的核心就是为其建立“跑道”，能够在“赛马”中“相马”。

“跑道”就是机制，就是游戏规则。激励机制如何设计，决定了干部“跑得快不快”；约束机制如何设计，决定了干部“会不会跑偏”。这就像是一场赛跑，最先到达终点者胜利，前三名会有物质和精神上的奖励，这就是激励机制，会引导所有的运动员争先恐后，朝着“前三名”努力；在赛跑过程中，运动员不能出跑道，不能有意妨碍其他运动员等，这就是约束机制，会使得赛场更有秩序，竞争更加公平。

干部管理的效能主要是通过机制发挥出来的。因此，干部管理做得好不好，关键是机制设计得如何。谷歌用创意挖掘人才，华为用股权聚拢人心，小米用创新成就干部。重视干部管理体系建设，就是要培育适宜干部成长的环境和土壤，加快干部成才的步伐，有效推动干部管理绩效提升。

总之，变革时代的干部管理，是新时代、新环境、新生态下的干部管理，领导力成为干部管理的新引擎，使得干部管理的定义被刷新。而新时代的干部管理，必将在人力资源管理界写下浓墨重彩的篇章，并产生深远的影响。

表2　华为新任干部“90天转身计划”

三把火	定位	事项
第一把火	角色认知：知道该干什么	在这个阶段，新任干部需要弄清楚以下事项： 1. 在新的管理岗位上需要承担哪些关键角色 2. 为了履行好这些关键角色，应该展现哪些关键行为 3. 为了支持这些行为，要发展哪些能力
第二把火	转身：知道能干什么	在这个阶段，新任干部会拥有一个管理教练，管理教练会从以下 4 个方面指导帮助新任干部： 1. 分析从哪里开始了解新的环境，如何识别本岗位的利益关系人并建立互动关系 2. 规划转身期内与上司的五次关键谈话，提供谈话清单 3. 制订能够最快帮助新任干部在新岗位上做出绩效结果的目标，并努力达成 4. 帮助新任干部排除自己内心的障碍和来自外部的干扰
第三把火	任前管理：审视干出来的结果	在这个阶段，新任干部带着成果参加任前审视会议，向管理团队汇报：在这段时间里自己和团队做了什么，带来了哪些改变，创造了什么价值，未来的业务策略是什么等

干部管理：实质是管理不确定性

刘东畅 | 人力资源和组织发展专家，新锐管理研究者，现就职于阿里巴巴任组织科学家

管理学术界有一个词叫作“管理时尚”，大意是说企业在一段时间里会纷纷学习和竞相效仿的一些管理模式或方法。如果最近企业中大量管理实践者都开始谈论起一些名词，同时大量的畅销书、公众号、论坛都开始频繁出现这些词，好像如果不讨论这些词，就跟不上时代，企业管理就会落伍，这就是很典型的“管理时尚”现象。

近几年来，“干部管理”这个概念的热度迅速攀升，俨然已经形成了一个新的管理时尚，虽然早前大家更普遍使用的是“领导力”这个舶来的概念，但随着近段时间国内大量明星级民企的崛起，其更偏中国特色的“干部管理”概念和实践逐渐被越来越多的企业所认知和接受。

虽然无论是政府机关和国企、事业单位，一直以来都有干部和干部管理的概念，但这个概念在几年之前甚至更早的时候，却并没有形成管理时尚。而现在如果在网上检索干部管理的企业优秀实践，几乎都来自华为、BAT（百度、阿里巴巴、腾讯）这样的业界标杆企业。由此可知，这个流行的“干部管理”概念，其实是来自国内民企的原创性实践。

中国民企原创的管理实践大都有一个显著的特点，“干部管理”也概莫能外，简单形容便是“礼乐征伐自天子出”，这些管理实践的创造总是来自有较强战略和组织视野的创始人或决策层的直觉判断和想象，认为企业按照其想法执行，或许可以解决目前组织中的问题，并没有经过严谨的理论打磨和结果验证。

这在一定程度上是有相当合理性的。一方面，民企在快速成长的过程中，所面临的始终是巨大的环境压力和竞争压力，会自然倾向于快速决策和执行，并相信自己的决策是有效的，而另一方面，这些优秀的创始人或决策层对自己一手建立起来的企业所存在的问题也具有深刻的了解和洞察，其直觉大部分的确是符合企业实际情况的，只要组织执行到位，总会有一些效果。

不过问题在于，当这些企业的原创管理实践看起来卓有成效的时候，特别是在企业经营取得了一定程度成功的情况下，这些实践会被其他企业作为“优秀实践”引入组织，以为如果这样操作以后，企业就会复制对方的成功。然而如果这些企业本身的决策层并没有足够的战略和组织视野，无法洞见自身企业的情境特点和问题所在，常常只是在折腾企业，劳民伤财。

所以当理解了“干部管理”这个概念是来自国内民企的原创，结合实际情况，就会发现这个概念在当前的企业界，大体呈现出三个特点。

1

“干部管理”概念没有被清晰地界定

因为这个概念来自企业原创实践，所以目前每个使用这个概念的企业，都并没有去深刻理解干部管理的定义、目的和价值，更没有去思考干部管理和传统的“领导力”概念有什么不同。

“干部管理”实践没有统一的操作标准

因为相应实践没有统一的定义，不同企业的具体实践形式又不尽相同，因此干部管理至今没有业界公认的一套标准操作方式，各个企业要么自己原创，要么自己选择一家作为对标进行模仿，相互之间差异巨大。

2

“干部管理”效果没有广泛被验证

因为定义和操作方式的不统一，导致干部管理的效果最终“千人千面”。

3

这些特点的存在，使得我们如果一旦要谈到“干部管理”，就不可避免地要把这个概念界定清楚。

我们需要界定“干部”这个概念。“干部”这个词在中文里面难以溯源，因为这的确不是一个中文词汇，而是外来词，最早竟来自日语汉字“幹部”，假名“かんぶ”，该词汇又是从法语“cadre”一词引申而来，“cadre”本意是指骨骼，后来被引申为军队、国家机关、社会团体或其他组织中起骨干作用的人员。由此可见，“干部”就是社会组织中的骨干、骨架人员。

据考证，中国人使用“干部”一词，最早可追溯至孙中山先生领导的同盟会，至今已有80多年，后陆续在各个时期被频繁使用，新中国成立后，“干部”一词既被用于担负领导工作的人员的统称，与“群众”相对应，也被认为是一种与工人、农民、士兵相平行的一种职业身份，并建立了不同的管理体制，其中农民归农业部管理，工人归劳动局管理，而干部归人事局管理，而后在2008年，劳动局（当时已变更为“劳动和社会保障局”）和人事局合并，成为人力资源与社会保障局。

在目前来看，作为职业身份的干部概念已逐渐被干部人事制度改革所淡化，保留下来的是对国家机关和事业单位中担负领导工作的人员的统称含义。

如今企业中所使用的“干部管理”概念，也是沿用了此含义，将“干部”作为企业中担负领导工作的人员的统称，与之对应的，则是“专业员工”或“基层员工”。而在实际操作中，其实有大量模糊地带，比如一个临时带领小团队或者项目团队的专业员工是否可以称为干部。为了对这两者进行明确区分，也为了提升组织的管理效率和质量，干部通常需要身居明确的管理者岗位，并经过任命程序，有单独发展通道，于是就产生了我们所谓的“干部管理”体系。

所以干部管理体系建设的基础就是对干部群体的标准进行界定，即“干部”的定义和分类、标准和价值导向，让一批人成为组织的“干部”，这是干部管理的基石和灵魂，其他的都只是为此服务的管理动作而已。

这也反映了干部管理和传统“领导力发展”的差异之处，因为领导力的概念更具有普世意义，强调管理、影响、协同等概念，组织中的每一个人都可以作为领导力发展的对象，并没有划分人群。

常见干部管理系统，如下图所示。

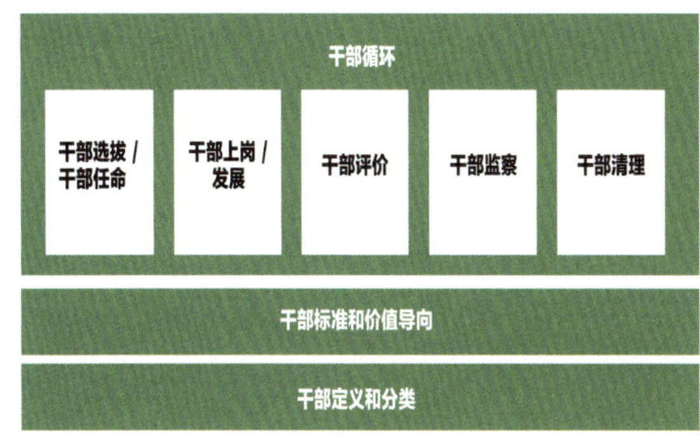

常见干部管理系统

可以说，干部管理，实质就是管理不确定性。

而之所以要将干部群体区分开来进行管理，并不是因为企业想人为制造官僚阶层，而是因为企业所面对的巨大挑战——不确定性。

在这个社会中，大多数人是厌恶不确定性的，认为与其追求冒险，不如追求稳定的收入来源和生活水平。但企业的发展，需要一批愿意顶着不确定性的压力，敢于决策和执行，敢于开拓和创新，带着团队打胜仗的领军人，为企业在商业市场中开疆拓土、扬帆掌舵，这批人的能力、素质，决定了企业面对不确定性的战斗力。

特别是在不确定性越来越多、变化随时在发生的当下，没有哪个企业的一把手可以“一手遮天”，看护到企业的方方面面，甚至都不敢说自己的每一个决策都是对的，而一把手往下的高官们，面对的也是一样的情况。另外，为应对不确定性，企业组织逐渐将灵活性的优先级提升到了效率之上，这也是为什么现在的组织变革都朝着轻量化的方向发展，不再是把组织能力建设在沉重的流程之上，因为流程的目的是效率的提升，但流程的效率是建立在稳定的基础上的。朝令夕改、频繁变化的流程最终会导致组织的学习成本增加到不可承受的地步，因此流程必须在一段时间内保持静态稳定。

在这样的情况下，组织应对不确定性的能力是需要构筑在组织的骨干人才之上，并且骨干人才在组织中分布均匀。因为“春江水暖鸭先知”，不确定性本身是不可预测的，只能快速而正确地应对，比如当高层的指令传递到一线的时候，可能已经不符合一线的实际情况，一线如果僵化执行将导致严重的后果，但一线如果把情况上报，等到高层作出决策，可能又错失良机，一样导致严重后果。如果一线有一定的决策权力和决策能力，可以根据当下情况及时做出反应，组织就有了制胜之机。

例如美军就明确规定，士兵的天职是“服从”，但主官的天职是“胜利”，即，在主官认为自己的决策可以制胜的情况下，主官是有不服从的权力的。当然，主官必须对自己的决策负责，也就是说如果最后发现上级的命令是错误的，但主官明知道是错误还执行，主官要承担责任，同时，如果上级的命令是正确的，主官做出了错误判断，没有执行上级命令，依然要承担责任。这样的规定，让美军自上而下的每一个团队都具备了思考和决策的能力，成为战场上的一个个大脑，可以随时抓住每一个机会战胜对手，取得胜利。

当然，为了达到这一目的，美军对军官也建立了严格的选拔制度和科学的发展体系，不但大量的军官都是从全国范围内选拔出的优秀青年，通过西点军校等学校进行全面培养，而且在军官入伍后，依然十分重视其学习、晋升、淘汰，始终保持着一支有能力、有活力、有责任感的军官队伍。

> **可见，各级干部的能力水位，直接决定了组织应对不确定性的能力水位，决定了组织在商业战场上的竞争力。**

抛开“干部管理”作为管理时尚的一面，企业在干部队伍整体水平的保障上投入的资源，其实和企业所面对的不确定性直接相关。一个工业时代，把能力建立在流程上的组织并不需要强大的干部管理，只要流程在，个体干部的能力高低是不会产生决定性影响的。而随着不确定性的增加，组织的权力分布将会变得更加均匀，干部的个体价值将会更加凸显，干部管理也将变得越来越重要。

成长型民企的干部管理如何做

高伟 | 西安智睿思信企业管理咨询有限公司合伙人，西北大学经济学硕士，国际注册管理咨询师 CMC，曾任延安大学管理学院专职教师

2018年7月6日，华为内部一封关于成立总干部部的总裁办邮件，激起国内企业管理界千重浪，干部管理迅速成为管理界热门话题，也激发了笔者对国内成长型民企干部管理的反思。接下来，笔者将结合自己近十年的管理咨询项目工作经历，谈一谈对成长型民企干部管理的一些粗浅看法。

成长型民企干部典型特征

相对于外资企业、国有企业及大型民企来说，国内数量最多的成长型民企普遍管理基础较为薄弱，成长型民企的管理干部具有如下几个典型特征。

❶ 大部分与创始人沾亲带故，属于老板的嫡系。对于成长型民企创始人来说，在创业过程中同甘共苦的创业元老及亲人的支持至关重要，也是公司干部的天然来源。

❷ 大部分是业务出身，缺乏系统的管理技能。成长型民企的管理干部，大部分是在公司快速发展中，根据需要从员工队伍中火线提拔上来的，来不及系统培养。

❸ 工作习惯是勤于动手、懒于动脑，严重依赖老板的指挥。对于成长型民企来说，企业的战略、计划、制度、文化等都储存在老板大脑中，由老板根据工作需要随口说出。由此决定了企业干部习惯于服从老板指挥，仅专注于在有限条件下如何达成老板设定的目标。

❹ 工作能力参差不齐，江湖套路多、职业技能少。成长型民企管理干部从业经历复杂，包括农民、个体户、教师、国企下岗职工等，其工作能力大多来自生活及工作经验。

由于上述独特的典型特征，使得成长型民企的干部管理完全不同于其他类型企业，同时也是成长型民企发

展的致命缺陷，严重阻碍了国内成长型民企的健康发展。笔者在给成长型民企做管理咨询项目时不止一次听企业老板诉苦："按我内心的标准，公司现有的干部基本没有合格的，可是没办法、不能换，无人可用。"

成长型民企干部管理典型问题分析

对国内成长型民企干部管理典型问题的分析，本文将结合管理咨询项目的工作经历，主要从"选、育、用、留"四个维度展开，不求全面系统，但求重点突出。

（一）"选"干部方面的典型问题

在干部选拔方面，成长型民企通常容易出现以下几个典型问题。

❶ 习惯于从创业股东及资深元老级员工中选拔干部。创业股东与资深元老级员工对公司的忠诚度不存在问题，但职位匹配度不一定达标，且容易挫伤新进员工的工作积极性，让新进员工误认为公司领导层排外，除嫡系外的其他员工基本没有晋级希望而选择消极工作甚至离职。

❷ 选拔标准庞杂，对历史及现状的考虑远多于未来。在选拔干部时，成长型民企领导层常见的考虑因素包括对员工历史贡献的奖励、对关键人才的笼络、对关系户的特殊照顾等，而唯独对岗位的未来战略性作用及人岗匹配性考虑不足。

❸ 干部选拔决策随意，任人唯"亲"，难以服众。企业人事决策对老板来说只是众多决策中的一个，而且不是最重要的，但是对于员工来说却是非常重要和关键的。随意性决策很容易对员工心理产生负面影响，无法积极地、专心地投入工作，被各种小道消息左右，对公司产生各种莫名的意见、怨气。

（二）"育"干部方面的典型问题

在干部培育方面，成长型民企通常容易出现以下几个典型问题。

❶ 主观上缺乏培育干部的意愿和耐心。对成长型民企来说，企业领导的工作重心还是在业务上，能投入管理上的精力非常有限，导致企业领导主观上不愿意投入太多精力培养下属，表现出来的状态就是运动式培育，意识到严重性时突然开大会狠抓干部培育，热度一过又抛诸脑后、不闻不问。

❷ 客观上缺乏培育干部的资源和能力。成长型民企普遍的特点是业务发展迅速、管理相对滞后，对于公司业务及管理方面的经验教训及问题普遍性的缺乏总结与提炼，导致不知道该培育什么、也不知道该怎么培育。外部培训机构的短期培训因为没有针对性也难以发挥作用。

❸ 基本没有岗前培训，都是在岗位上边干边学。由于上述主客观原因，导致成长型民企内部员工基本没有接受过岗前培训，都是上岗后边干边学，自行摸索、野蛮成长，成长速度慢且成才比率低。

（三）“用”干部方面的典型问题

在干部使用方面，成长型民企通常容易出现以下几个典型问题。

❶ 鞭打快牛，忙闲不均。成长型民企干部工作能力参差不齐，企业领导为了救急或确保工作质量，经常性地打乱预先设定好的职责分工界限，导致能干的干部手头工作越来越多，忙得脚不沾地；而有的干部却由于能力不足长期无所事事。而与此对应的是能力不足的干部并没有被撤换掉，且收入待遇与能干的干部差别不大。这就极易形成恶性循环：快牛变慢牛甚至病牛或快牛不堪重负选择离职。

❷ 职责不清，职权不明，因人设岗，事随人走。成长型民企由于发展太快且工作内容频繁变动，导致部门及岗位职责模糊不清，干部说不清楚岗位职责内容及其边界，企业也没有明确职责对应的职权，结果就是：一切由老板指挥、一切待请示老板后再行动，导致老板每天忙得晕头转向。

❸ 目标与考核流于形式，干部安于现状。成长型民企通常没有经营目标或仅有年度收入或盈利目标但没有分解落地，日常工作普遍性的没有计划性，大都由老板根据自己的想法随机发起。与此对应的是干部考核缺失或流于形式，没有形成系统分析绩效问题、原因及改进方案的工作习惯，干部收入要么基于岗级吃大锅饭、要么由老板背靠背发奖金，结果是大多数人尤其是自认为贡献比较大的人不满意，由此导致干部安于现状，老板不催就不动，企业就靠老板一台发动机提供前进的动力，企业发展难以为继。

（四）“留”干部方面的典型问题

在干部保留方面，成长型民企通常容易出现以下几个典型问题。

❶ 激励机制不到位，核心干部易流失。成长型民企大多是以江湖方式创立，没有以契约方式明确核心机制尤其是利益分配机制，再加上企业发展太快、其间变动频繁，使得企业一直没有建立系统的激励机制，企业核心干部心存抱怨又不能妥善处理，经常性地导致反目成仇、人才流失甚至抱团离职，给企业造成极大的损失。

❷ 晋升通道不畅通，高潜人才等流失。成长型民企通常将干部职位作为奖励老员工或笼络人才的手段，导致干部能上不能下，对于那些企业内部后期培养的、成长迅速的高潜人才来说，遭遇职业发展“天花板”，大多数因为不愿意长久等待而选择离职，导致企业在人才短缺的同时还在不断流失人才，雪上加霜。

以上分析，仅仅是对成长型民企干部管理具体问题的选择性描述。归结起来，笔者认为成长型民企干部管理方面最核心的问题就是对干部或人才的不重视，将人才视为成本因素来考虑。根据笔者近十年的管理咨询项目经历，笔者认为由于对干部管理的不重视，所导致的企业内部各种“跑冒滴漏”、无效投入及错失机遇的机会成本等损失，要远远高于企业老板所看到或想到的，可以说是触目惊心。

成长型民企干部管理优化建议

根据上述问题分析结论，同样从“选、育、用、留”四个维度，笔者提出对国内成长型民企干部管理的优化建议。

（一）“选”干部方面的优化建议

❶ 优化后备干部甄选方式，扩大甄选范围。对大多数成长型民企来说，企业当下最紧缺的资源不是资金、技术、设备、客户等，而是人才，尤其是带团队的干部人才。因此，企业领导应及时开展储备后备干部的工作，并优化后备干部甄选方式、扩大甄选范围。甄选方式应由“相马”改为“赛马”，激发员工在工作中展现实力，用事实说话，而不是依赖企业领导的火眼金睛来寻找“千里马”。甄选范围应由企业领导熟知的少数员工扩大至企业全体员工，只要是符合企业规定条件的员工均可参与甄选，这样才能“不拘一格降人才”。现在就连人才储备雄厚的国企都在积极转变思路寻找人才。以笔者刚服务完的某国有银行为例（注：国有银行人力资源管理咨询项目），行领导为了突破人才瓶颈，改变以往的干部考察机制，大面积组织符合条件的优秀员工集中开展后备干部甄选面试活动，结果大大出乎行领导的预料，面试中涌现了大量的优秀人才，大都是生面孔，都是行领导在以往的工作中并没有关注到的优秀员工。因此，企业并不缺人才，而是缺少发现人才的机制。

❷ 明确干部任职标准及具体要求。成长型民企需要基于发展战略目标及企业现状，系统研究战略对岗位的要求，明确干部任职标准及具体要求。明确干部任职标准及具体要求是干部管理的基础，也是企业员工成长的纲领，引导员工按照企业需求快速成长。有条件的企业可以考虑在管理咨询顾问的协助下，结合企业实际构建有针对性的“任职资格体系”。在系统总结提炼企业自身经验积累的基础上设计的岗位任职资格标准，对企业员工成长的指导价值是非常明显的。

❸ 固化人事决策机制，推行内部公开竞聘。成长型民企应克服人事决策随意性问题，固化并严格执行企业人事决策机制，增强员工对企业人事决策合理性的认可度，有助于有效调动员工工作积极性。建议针对条件成熟的干部岗位，在企业内部推行公开竞聘，最大限度地提升人才选拔有效性。

（二）“育”干部方面的优化建议

❶ 构建培育体系，挖掘内部人才潜力。对于成长型民企来说，人才短缺问题非常严重，又无法通过大量招聘“空降兵”解决问题。由于成长型民企管理基础薄弱且支付能力相对有限，实际“空降”到民企的职业经理人大多数都以失败告终。成长型民企解决人才短缺问题，唯一有效的办法就是放弃侥幸心理，踏踏实实地构建培育体系，在现有员工队伍中挖掘人

才潜力，大力培育成才。人才随着企业的发展同步成长，这样的人才队伍成本最低且最稳定可靠。

❷ 老板带头学习，强化学习氛围。为了充分调动员工学习积极性，成长型民企老板应每周强制性空出一部分时间，组织干部集中学习，培养学习习惯，强化学习氛围。老板的带头效应是非常明显的，也充分表明了老板的决心，这有利于培育学习型的企业文化，持续积极地影响员工成长。

❸ 贯彻干部“能上能下”机制，倒逼干部奋发向上。要想真正激发员工动力，成长型民企就必须打破干部“能上不能下”的惯例，坚定贯彻干部“能上能下”机制，一方面倒逼现有干部产生强烈的危机感，倒逼他们改变安于现状的心态，努力从各方面提高自己，现有干部的潜力还是很大的，毕竟能当干部的大都不是庸人；另一方面，让其他员工切实看到了希望，更有动力努力工作并提升自己。

❹ 落实岗位轮换，培养多面手并储备人才。对成长型民企来说，最需要的人才应当是“多面手”，因此应当切实落实岗位轮换制度，通过定期的岗位轮换在工作中培养大批多面手并储备后备人才，摆脱人员变动对企业的不利影响。

（三）“用”干部方面的优化建议

❶ 系统梳理并明确干部岗位的“责权利能”。对成长型民企来说，高效使用干部的前提是解决干部岗位的“责权利能”问题。根据企业发展战略目标，系统分解并明确干部岗位的职责内容及边界，界定有效履行职责所必需的职权，以及完成职责任务能获得的利益及其胜任岗位所必需的工作能力。通过打通“责权利能”，有效调动干部工作积极性。

❷ 基于岗位职责安排工作，明确工作目标并进行考核。成长型民企要进一步发展，首先需要做到“事事有人做、人人有事做”，即明确每个干部的职责内容及职责边界，基于岗位职责安排具体工作，才能确保工作有序开展并不断改善。在具体安排工作时，应明确工作阶段性目标并根据工作目标完成情况对干部进行考核，有效区分干部的优良中差。根据笔者做管理咨询项目的经验，成长型民企领导对于制定目标与开展考核这两项工作期望很高但顾虑很多，能够下定决心实打实开展得很少，导致多数都流于形式，作用相对有限。笔者认为困难是难免的，万事开头难，可是若因为困难便裹足不前，成长型民企可能永远都没有蜕变升级的机会。

（四）“留”干部方面的优化建议

❶ 构建规范的晋升机制，批量培育人才，摆脱对能人的依赖。成长型民企普遍存在一个大问题：高度依赖能人，对能人又爱又恨、无可奈何；能人为了维护自己的利益，凡事亲力亲为，不愿培养下属，由此形成恶性循环。因此企业应构建规范的晋升机制，让员工看到希望，同时批量培育人才，从而保证企业发展所需的人才供给，彻底摆脱对少数能人的依赖，才能突破影响企业扩大规模的“人才瓶颈”。

❷ 构建全方位的激励体系，激发干部全力以赴。在上述企业依赖能人的恶性循环中，错不在能人，能人的所作所为均是缺乏安全感的表现，其根源在于企业激励体系的不健全。高铁之所以跑得快，不是单靠火车头带，而是每节车厢都是动力源。因此，只有真正发挥集体的力量才能使企业实现高速又稳健的发展。要想让干部树立主人翁精神，由“要我干”转变为“我要干”，关键在于构建全方位的激励体系，统一企业目标与个人目标，才能够真正激发干部的活力，让干部全力以赴。

以上建议是笔者根据近十年的管理咨询项目工作中的感悟提炼而成的，笔者认为对于国内成长型民企来说，应该具有一定的参考价值。这些建议若要落实，关键在于企业老板必须“转型”，从业务/技术型人才向管理型人才转型。干部管理绝对是“一把手工程”，必须老板亲自抓。根据自身的工作经验，笔者认为多数成长型企业老板在转型期都面临很多困难，缺乏良师益友的协助，仅通过参加 MBA（工商管理硕士）或类似培训也解决不了问题，往往学到的东西不接地气，反而思路越来越混乱。笔者个人建议不妨找一个可信的管理咨询机构或常年管理顾问，在第三方专业的、长期的协助下，“转型”必然不再那么难，而企业也避免了“摸着石头过河”过程中的各种失误所造成的大量损失。真诚希望国内的民企发展得越来越好，在实现中华民族伟大复兴的“中国梦”中发挥越来越重要的作用。

WHY

干部管理为何“流行化”

——兼谈干部管理如何做

笔者近期连续看到几个公司在招聘干部管理总监，而且是大家耳熟能详的公司，同时华为、小米、阿里等公司也在干部管理上有了大动作。

郑春国 | 振德医疗用品股份有限公司 人力资源中心

笔者在近期也和几个不同公司同行就类似岗位定位做过沟通，发现目前大部分企业在干部管理上的定位理解如下。

1 根据集团发展战略，制定高管人员发展与梯队建设规划，打造适应集团发展需求的核心人才供应链体系。

——**梯队继任建设**

2 负责集团高管人员的选拔、培养，并向主要领导提出任用建议，推进核心团队科学合理配置与优化，打造有凝聚力、战斗力团队。

——**团队选拔**

3 组织高级人才招聘管理工作，引进有潜力、符合公司发展需要的领军人才及其他核心人才。

——**人才引进**

4 围绕新业务发展和岗位要求，负责新业务第一负责人和核心团队的选拔与搭建工作。

——**团队搭建**

5 建立科学的高管团队绩效考核管理体系，以及思想文化价值观评估考察体系。

——**管理者评估**

可以归纳职责为：

将公司内部的干部这一群体，
通过更为精细化的
“选、育、用、留”
机制的设置，
更好地满足组织战略需求，
提升企业管理效能。

但在实际实施中，
马上会面临到几个挑战问题：

职责定位准确吗？

为什么要做干部管理？

干部管理工作的价值在哪里？

干部管理的价值

当我们谈到价值的时候，我们首先要明确一件事，就是做这项工作的受益人，只有受益人才能评估工作对他的价值。

1. 受益人分析

干部管理工作的直接受益人，一定是他的直接上级，理由是，让他管理的团队搭建高效、合理；同时能协助他完成内部的团队人才地图建设，厘清内部价值分配依据。

干部管理工作的隐藏受益人，一般来说有 2 个：人力资源和公司 Boss（老板）。人力资源之所以是这项工作的受益人，是因为干部管理工作，一方面可以直接开始将人力资源的工作由原来的单纯了解业务到切入业务管理，在人的定位讨论中可以更加熟悉业务；另一方面干部开始成为公司资源，而不是某个部门的资源，有利于加深业务部门负责人对人力资源工作的理解，从另一个层面提升 HR 在内部的影响力。公司 Boss 成为隐形受益人的根本原因在于所有的价值创造最后都要归集于此。

2. 价值分析

对于直接上级来说，干部管理的价值衡量点是下属的团队业绩提升，并能准确理解上级意图并落地执行。这两点可以直接成为“干部管理”工作的价值，“团队业绩提升和落地执行”。任正非曾经说过，团队是要产粮食的，而干部是带领团队产粮食的那个人。“一头狮子带领的一群羊 PK 一只羊带领的一群狮子”，其寓意即使在如今强调个人价值激活的当下，我们也无法抹杀“优秀干部”的价值，这也是好莱坞商业大片热卖的一个原因之一——普世价值 + 有领导力的主角（可能不止 1 个）。

对于 HR 和 Boss 来说，一个“优秀干部”带来的价值远超于 1000 个平庸的员工，关于这点比尔·盖茨早有论断，过往世界 500 强企业的案例比比皆是，最典型的就是把苹果公司带入巅峰的史蒂夫·乔布斯。

干部管理是什么

任何一项工作的开展，都需要从事情的起源或者本因出发，干部管理也如此。

1. 干部定义

谈干部管理，我们就首先要明白，这项工作针对的对

象是干部。也就是说干部是什么？百度百科的定义。

（1）国家机关、军队、人民团体中的公职人员。

（2）担任一定的领导工作或管理工作的人员。

（3）“干部”一词来自日语，意思是“骨干部分”，此概念在民国时期引入中国。

从定义看，对于企业来说，根据“二八原则”，“担任一定的领导工作或管理工作的人员”比较适合目前定位，这也是华为成立总干部部、小米和阿里成立组织部界定的管理范围。

2. 干部管理定义

在对干部管理做个人的定义之前，想先和大家回顾一个历史故事（不去考证真实性）——扁鹊论医。

魏文王问扁鹊曰：“子昆弟三人其孰最善为医？”

扁鹊曰：“长兄最善，中兄次之，扁鹊最为下。”

魏文侯曰：“可得闻邪？”

扁鹊曰：“长兄于病视神，未有形而除之，故名不出于家。中兄治病，其在毫毛，故名不出于闾。若扁鹊者，镵血脉，投毒药，副肌肤，因而名出闻于诸侯。”（《鹖冠子·卷下·世贤第十六》）

从这个历史故事引申到国内的干部管理上，大家就会发现，国内的干部管理和欧美的管理者管理是两回事：国内要求首先是自己能干，其次带团队也能干，为什么火线提拔这么火，因为救火英雄永远是光鲜的，而提前进行

预防的英雄，则是默默无闻的，大家看到的只是救世的英雄，而不是一直默默解决问题的那个人，这点在欧美也不能避免。

欧美的管理者管理，和国内干部管理最大的区别就在于，我不要求你会，但是，你要知道我的目标在哪里，带领团队搞定，这就是你的成绩。欧美对管理者的定位是指在组织中直接参与和帮助他人工作的人。管理者通过其地位和知识，对组织负有贡献的责任，通过强化团队的配合来完成该组织经营及达成目标。更多地强调的是管理者的组织和协调能力，而不是个人攻坚能力。反映在招聘上，就是国内的管理职位招聘往往强调行业背景，而欧美管理者选拔更在意过往的成功经历和未来的潜力。

【区别：国内的Boss看的是个人贡献，欧美的Boss看的是团队leadership（领导力）】

基于以上预判，笔者在这里尝试给干部管理下一个不成熟的定义：干部管理是指对承担“管理＋业务”职能的一类人的“选、育、用、留”机制的建立和运作，辅之以相应的授权、审计、监察，如图1所示。

01 干部选拔标准	02 干部盘点及继任计划	03 干部任命及人岗匹配	04 干部监察及干部考核
√ 干部选拔标准设计 √ 干部选拔程序设计	√ 核心管理人才盘点 √ 干部继任计划制订（资源池）	√ 干部任命决策程序设计 √ 干部试用期考察机制设计 √ 新上岗干部转身计划开发	√ 干部监察机制设计 √ 干部绩效考核机制

图1 常规干部管理体系分解示意

干部管理怎么做

“凡事预则立，不预则废”，作为人力资源体系升级的一项系统性工作，干部管理的起步一定是系统性思考和前期规划的结合，也就是先想好怎么管，然后再去匹配相应的工具或者方法论。每个公司的环境和资源是不一样的，同时对于干部的定位也不完全一致，如果我们直接照抄标杆企业的模式，有可能会出现“过犹不及”的情况，导致管理过度。每个人都不愿意成为“邯郸学步”中的那个燕人，但是很多的 HR 在建体系的时候，却往往做了燕人。下面笔者从自己 4 家企业工作的经历，总结了一个工作步骤，供希望开始建立干部管理体系的同行参考。

1. 明确原则

干部管理一定要从建立原则开始，因为这项工作的起点是在人力资源现有工作的基础上起步的，我们可以理解为不是零起步。不是零起步的一个全新工作能够被提升到日程，也就意味着它的被关注度足够高。在这种关注度下，如果工作的方向或者基本的底层规则错误，工具再好、加班再多，不能挽救“好像没有起色”的评价（见下表）。

干部管理工作图表

分类	具体描述
选拔标准	四维度标准包括品德、价值观、能力、绩效 品德：商业道德底线 价值观：干部核心价值观行为准则 能力：领导力模型 绩效：连续两年绩效 A 级及以上
使用原则	271 法则：竞争择优，末位淘汰 成果导向，能上能下，干部不是终身制 以绩效考核为主，兼顾关键行为事件（关注负向事件）
培养原则	以选拔制为主，培养制为辅 成长的责任主体在自己 训战结合、循环赋能 相关联部门轮岗，加快干部成长与流动
监察机制	惩前毖后、治病救人 干部弹劾制 持续、例行开展，不搞运动，不激化矛盾

笔者给出了一个干部管理的原则，这个原则可以通过三种形式达到，当这个原则确定后，从事干部管理工作的 HR 才算是有了真正的工作抓手。

2. 建立流程

干部管理工作的核心是什么？不同的人，会有不同的

> **小贴士**
>
> **干部管理原则可以通过以下三种形式得到。**
>
> （1）组织一个内部的高管研讨会，通过讨论“期望和现状”，梳理出一个管理原则。
>
> （2）直接和 Boss 沟通，请他给一个建议，然后由 HR 做一些修饰后，提交 Boss 审阅后定稿。
>
> （3）邀请外部咨询顾问加入，由顾问根据企业的调研情况，给出初步建议，经研讨后定稿。
>
> 一般来说，形式（1）的效果最好，后期的可执行性较高；形式（2）的速度最快，可以和 Boss 同步，但是推行过程的解释难度较大（Boss 的期望永远是奔跑状态）；形式（3）的质量最好，但是，对于企业内部的氛围和接受度有挑战，同时还需要较多的资源投入。具体如何做，HR 可以根据自身企业特点去选择。

答案。但是对于大部分企业来说，干部的选拔最关键——对部门来说直接任命的权力似乎没有了，对 HR 来说不再是走流程了，对 Boss 来说知道为什么是这个人了。

当我们有了基本的管理规则之后，首先要做的就是，将公司的干部选拔流程建立起来，让干部成为组织的资源，而不是部门的资源（见图 2）。

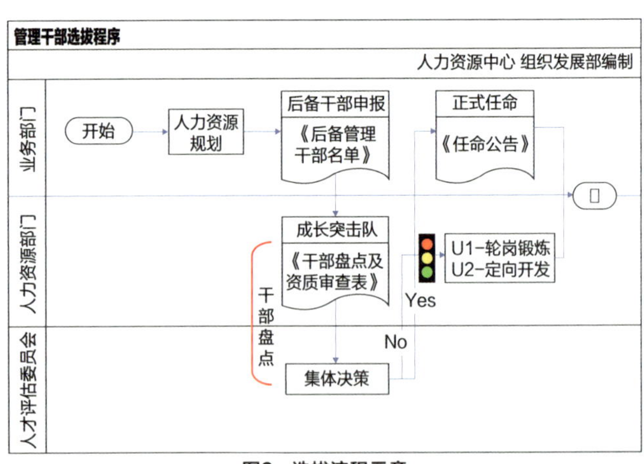

图2 选拔流程示意

> **小贴士**
>
> **干部选拔流程设计小技巧。**
>
> （1）干部选拔始于人力资源规划，“有位”才会“有人”，不能随意创设，只有这样，HR 工作才能逐步往业务规划贴近。
>
> （2）部门提名讨论后，不代表结束，HR 的后续管理动作要提前设计，如定向培养、轮岗等，学习项目设计的价值由此处开始与部门的需求同步。

3. 机制配套

此项工作实际是与流程建设同步，也就是说，我们在进行干部的选拔流程设计的同时，就要开始对流程中涉及的关键动作进行固化，形成类似 SOP（标准作业程序）的操作指南，及时将过程文件变成流程文件（如果担心文件的完整性和指引性，可以考虑定期复盘）。

笔者从自身在该项工作开展过程中的必备文件出发，建议从事该项工作的 HR 在第一年开展此项工作的过程中，要形成以下 2 个文件。

（1）《干部管理制度（办法）》——将干部管理的原则变成框架性规定。

（2）《干部选拔标准和程序》——将干部管理的主流程需要的文件和程序固化。

后续可以考虑根据企业实际情况，建立针对干部的绩效、培养、监察、审计、规划等配套管理制度（机制）。

结论

从笔者的陈述看，干部管理似乎不是一个特别难的工作，但是为什么会被很多企业提出来，或者是被头部企业专门成立部门来进行管理呢？笔者从过往与其他同行沟通了解到的信息来看，不外如下三点。

（1）进一步聚焦资源投入，将“二八原则”贯彻到人力资源管理中，拉开组织能力建设差距。

（2）“激活个体”与“激活组织”同频，尝试将个体的成长与组织的成长挂钩，让“领导力发展项目”为企业增值。

（3）体现“个体价值”，为后期高成长员工成为公司的“事业合伙人”或者“核心层”进行前期搜寻准备——企业或者 Boss 的终极目标都是基业常青。

当一项似乎很简单的工作，放在“聚光灯”下时，就不再是单一的一项职能性的工作，更多地会和公司的战略布局直接产生链接，所以，相当多的企业在任职资格要求中有一条，能够和高管（总经理）直接对话。

干部管理，一项始于战略、终于战略的工作，从事这项工作的 HR 不能简单地把这项工作定位于只是对象不一样而已，因为它的核心其实是承接战略。

Organization
3 组织

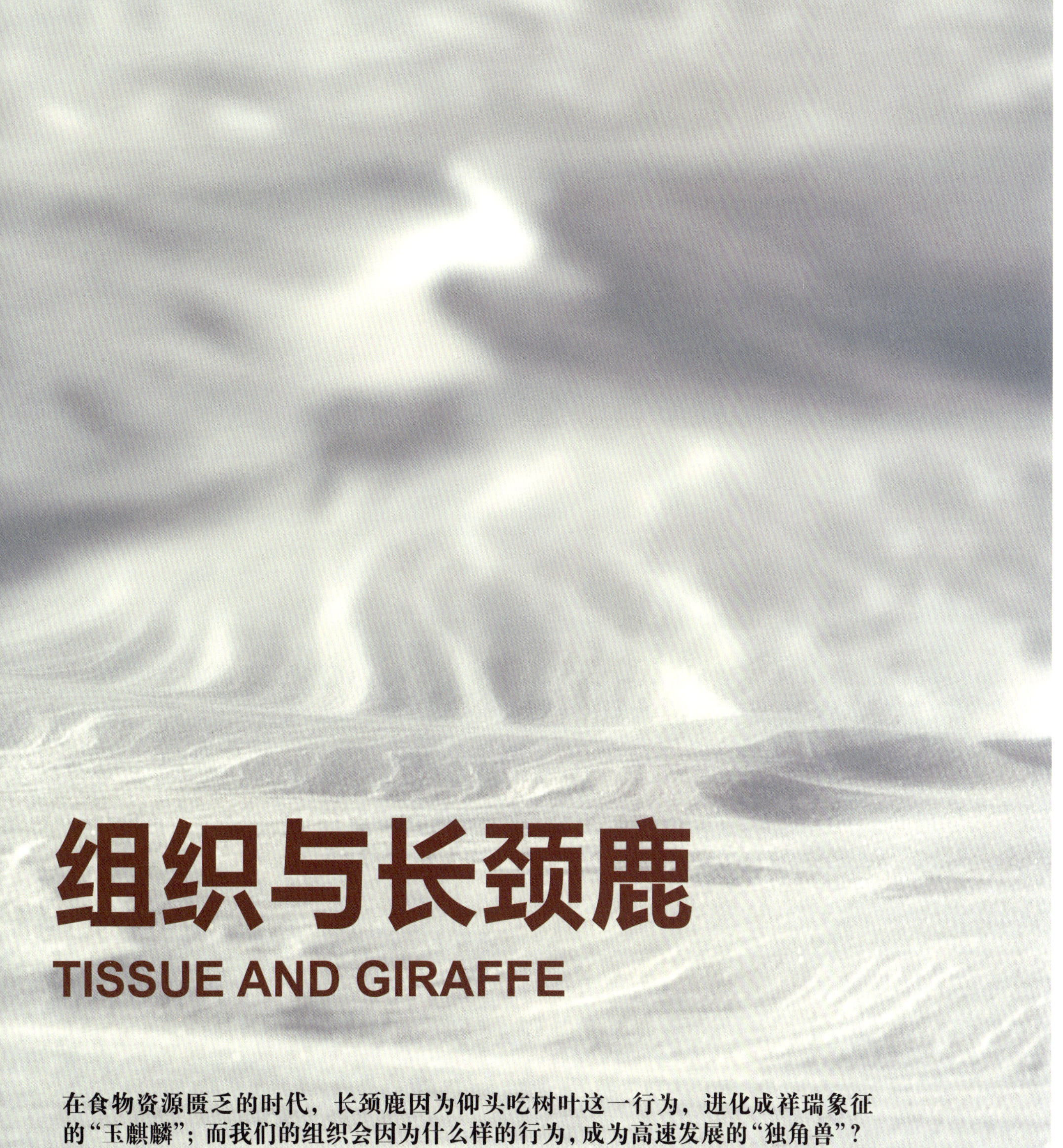

组织与长颈鹿

TISSUE AND GIRAFFE

在食物资源匮乏的时代，长颈鹿因为仰头吃树叶这一行为，进化成祥瑞象征的“玉麒麟”；而我们的组织会因为什么样的行为，成为高速发展的“独角兽”？

白睿 | 某上市集团 OD 总监、高级培训师，特约撰稿人

CUMULATIVE ADAPTATION

神创论对于“长颈鹿为什么有那么长的脖子”这个问题的回答非常简单：因为神按照长脖子方式创造了长颈鹿。进化论者对此解释就没有那么简单。进化论者认为，这些变化是累积性效应（Cumulative Adaptation），长脖子不是生来就设计好的，是逐渐进化形成的。

而且存在了一个漫长的进化过程，每一个细小的行为和举动都随着时间推移产生了巨大的差异。同时，在这个特定的环境中选择了长颈鹿这个物种能够在与其他物种中适者幸存，其他物种，甚至不进化的长颈鹿都被淘汰。这也就是作为环境状况适应结果的个体（随机）变异、自然选择以及适应性特征的保持而形成了达尔文解释（Darwinian Explanation）的因果链。

为什么没看到进化中的长颈鹿，却看到诸多进化中的组织

长颈鹿例子作为思考组织形式演变是一个很好的类比和想象。“为什么我能看到很多不同组织形式存在？”以回答这个问题作为出发点，就会发现我们处在一个不停变化的时代，这就好像是“长颈鹿原祖”“短颈鹿”“中颈鹿”和“长颈鹿”几类进化中的物种并存的时代。

随着时间推移，组织不断发展。只不过组织发展的速度要远远快于长颈鹿的进化，尤其在这五十年间。因此，我们现在能看到各色各样的组织形式，来充实管理学的样本。组织发展快速的原因还有一点是长颈鹿进化所不具备的，就是人为干涉因素。组织发展的环境可不如长颈鹿生活的稀树草原地带，组织一出生，就面临在竞争中求生存的复杂商业环境中选择、迭代、死亡或是变得更强大。在交易成本经济学中，环境是用两个变量来代表的：不确定与复杂性以及小数定律。不确定与复杂性在当代已经被很多人提及，有些人称为“VUKA

时代”。而小数定律认为人类行为本身并不总是理性的，在不确定性情况下，人的思维过程会系统性地偏离理性法则而走捷径，人的思维定式、表象思维、外界环境等因素，会使人出现系统性偏见，采取并不理性的行为。

大多数人在判断不确定事件发生的概率时，往往会违背概率理论中的大数定律，而不由自主地使用“小数定律”，即滥用“典型事件”，忘记“基本概率”。

一旦这些小数定律思维是组织权力的拥有者时，这一定律就给组织的变化和进化带来巨大的影响。

不管组织有多完善，运行一段时间后必须加以改造。组织变革应是企业发展中的常规活动。大到组织机构的变形，小到一项制度的修正和流程变动，都是组织发展和变革工作的主要职责。组织发展是组织以有效性为己任，运用战略思维、文化、技术、权术和流程等的一项持续干预策略。这也是组织超越长颈鹿进化的原动力。

长颈鹿有亚种，组织变革有分类

从基因分析的数据来看，看起来模样差不多的长颈鹿们其实属于 4 个不同的物种，四种长颈鹿虽然都生活在非洲，但是互相之间几乎没有杂交繁殖等现象。不同种的长颈鹿差别之大犹如北极圈外的棕熊和北极圈内的北极熊。组织变革可能比长颈鹿幸运，同时也给组织发展管理者们带来了麻烦——迄今为止统计不出有多少种变革类型。常用的变革分类方法将组织变革分为两类：渐进式变革和革命式变革。

1. 渐进式变革

渐进式变革包括系统、流程和结构的调整，但不包括战略、核心价值观或者公司形象的根本性变革。这种变革大多数是人为设计，有些变革看起来荒谬，难于理解而且只存在某一个单独组织里，但目的也是在调整组织的秩序和利益的再分配。

2. 革命式变革

革命式变革是组织核心部门的转型、革命性的重大调整。改变组织的实质，不仅仅是组织获得发展。

纳德勒和塔什曼两个人从另外一个角度对渐进式和革命式变革进行了分类，当面对外部环境变化时，这种组织变革是反应式的还是预期式的，也可以理解为被动式还是主动式。

因此产生了组织变革进化的四大行为，如图 1 所示。

（1）微调。当预期到需要随着外部环境而实施渐进式的改变时进行微调。这类变革包括为了使得组织和环境匹配的更好而进行的调整或者修正。20 世纪 70 年代末，花旗银行在纽约街头安装全世界第一台自动取款机（ATM），这就是一个渐进式变革的案例。

（2）适应。往往是针对其他组织变革的反应，这类变革的一个例子是当花旗银行安装第一台 ATM 之后，其他银行纷纷效仿。

（3）重新定向。是一种预料之中的、间断式的变革。换言之，对组织进行重要的调整，但这些调整是建立在以往的力量和历史基础上的。比如，重组业务部门、完成新公司的收购、组建新管理团队、宣扬新价值观和理念、改变公司战略、重新划分目标客户。

（4）重新创造。使得组织与以往的实践和方向完全分离的非常重大的变革。比如 IBM（国际商业机器公司）最早是卖打卡机的，而 3M（明尼苏达矿务及制造业公司）一开始是采矿的。曾在移动通信产业中坐拥许多第一的诺基亚，一开始是个造纸厂，它的产品还包括纸尿布、高筒皮靴、轮胎……还一度做过军火商。20 世纪 80 年代，诺基亚吸取了分散精力的教训，卖掉了所有的其他产业，这才把手机和手机网络设备定为今后公司的发展方向。世界 500 强企业中最长寿的公司杜邦，产品涉猎很广，油漆、丝袜、面料“莱卡”、大豆蛋白、不粘锅的“特富龙”涂层，“一战”军方专供火药，还有原子弹，背后都藏着它的影子。最初的杜邦是倚靠生产黑火药起家的。

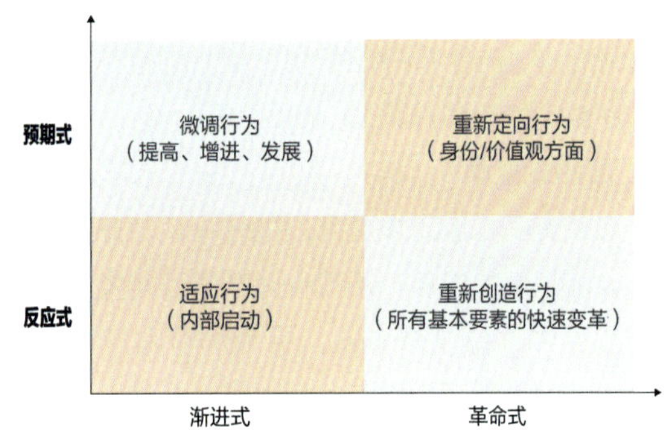

图1 组织变革进化的四大行为

组织进化与长颈鹿进化一样，在曲折中度过

组织变革的目的在于重建与环境相匹配的过程，这一论断在当下的时代被推翻。组织的新特征出现决定了组织变革与进化得到了进一步的演变（见表 1）。

表1 组织出现的新特征

传统特征	出现的新特征
目标导向	远景导向
关注价格	关注价值
层级制	团队制
强调产品质量	强调全面质量
职能型	矩阵型
关注股东	关注利益相关者
效率	创新
刚性	柔性
区域内	全球化
金字塔状	网络状

很多企业在实施组织扁平化的时候，理解概念上难免有些“简单粗暴”：对员工素质没有盘点的前提下，盲目推行“扁平化”管理结构，去掉管理的中间层级，结果却是没有人关心公司的目标和战略，或者各人都按照自己的理解自行其是。或者没有命令式的工作任务，要不自行偷懒，要不有任何想法，也不告知同事征求意见，而是直接找上级领导汇报。管理者因此积压了大量的待处理信息和数据。还有企业本身，盲目地扁平化式的裁员也成为组织发展变革的失败案例。

扁平化组织结构的精髓在于观点、能力和资源可以自由流动，流向最需要之处。它并无统一的结构或模式，而是一种新型团队式组织。这种组织结构紧凑而富有弹性，强调系统、管理结构的简化、管理幅度的增加与分权，因此组织层级减少只是扁平化的结果和表现。

在食物资源匮乏的时代，长颈鹿因为仰头吃树叶这一行为，进化成祥瑞象征的“玉麒麟”；而我们的组织会因为什么样的行为，成为高速发展的“独角兽”？

可以回顾过去两年内亲眼见到或者经历的工作、任务和事项等，利用组织进化的 7 项组织行为标志表单，简单做一个判断（见表 2）。

表2 组织进化的7项组织行为

新组织变革行为标志	解释
缩减	减少组织的管理层级或者汇报条线等
信息化	信息网络化运用的更普及
边界模糊	越来越多的外界因素加入进来，比如客户需求、供应商信息等深入职能部门
外包	非核心竞争力的事物交给外包机构
分拆	组织分拆为更多的项目团队
分权	引入将权力、资源分配给更多人员，使之拥有更多的决策权
短期雇佣	为了某项工作或者任务，签约更多短期员工

组织行为是指组织的个体、群体或组织本身从组织的角度出发，对内源性或外源性的刺激所作出的反应。这些组织行为程度越大，说明组织正在发生变革和进化。

很多组织都在经历持续的、常常是未曾预料的变革。组织必须应对的这种无法预料的环境变动，一般会以四种形态表现出来，也就是常见的“进化曲线”，如

图 2 所示。

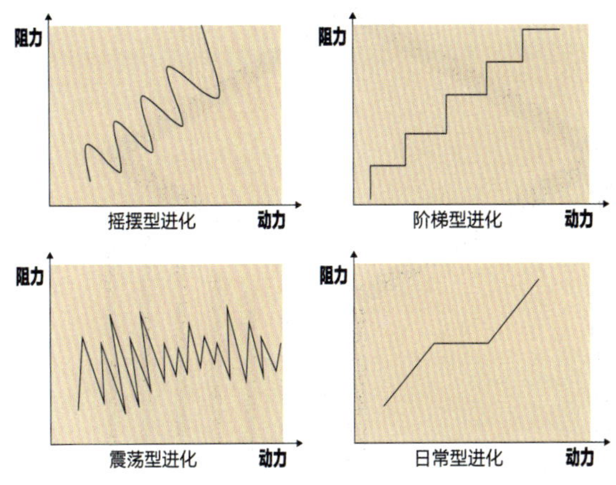

图2 四种进化曲线

（1）摇摆型进化。暂时影响组织均衡的冲突传递出来，最终这种冲突却持续不断。频率相对单一，好像广播、电视频段一样，这也是很多组织变化的常态。

（2）阶梯型进化。出现新的永久性的情况，拾级而上，组织采取措施从一种情况转变到另外一种情况以达到对环境适应的更优状态。

（3）震荡型进化。组织发生很大变化，也许是业绩和人员的不定导致组织均衡状态失衡，包括组织的市场份额和运营环境发生较大波动。

（4）日常型进化。日常程序是组织稳定的来源，变革发生也是在日常程序的变化。很多时候，这些变化都会被忽视。

组织与“短颈鹿”一样，不进化就死亡

组织死亡的前奏是顾客消失。就像长颈鹿的食物离它越来越远，自己又无法触及一样。一个组织失去了顾客，无论是短期还是长期都无法保证效益时候，就只能死亡。关于组织死亡的话题，大家讨论的较少，很多人认为这就是瞬间的事件。还有一个不得不去面对的现实，研究表明，一旦企业的增长陷入停滞，它只有 7% 的可能恢复增长。2/3 的停滞企业被并购或破产。这一现实情况，让所有的研究都回到了死亡前的转型上，如何保证从优秀到卓越？卓越企业如何能及时完成关键的跳跃转型？如何像苹果、日航那些企业一样完成 S 形或者 V 形再增长？等等话题，摆在了管理学者和管理践行者面前。

一些学者也开始分析组织死亡前的行为特征。最重要的研究结果当属“企业生命周期”理论。

资产负债率较高、现金周转周期相应延长、利润亏损严重等是组织这个阶段的财务特征。再投资获利的机会已经很小，经营的目的只是为了企业继续生存或寻找转机，同时，负债在走向衰退的过程中会不断增加，筹资活动表现为净现金流入。

经营特征是产品市场份额逐渐下降，新产品研发失败，或还没有完全被市场所接受；管理阶层的官僚主义、本位主义严重，部门之间相互推诿责任、士气低落；股票价格逐渐下跌，被竞争对手接管、兼并的可能性增大。

官僚化的结局是企业濒临破产，此时靠企业自身的商业努力已经无力回天，其出路只有两条，或者是接受政府补贴，或者是被收归国有。比如对某些失去顾客的企业提供救济资金，让其继续生存下去。这样的组织就像抢夺能量的癌细胞一样。原本用来开发新业务的资金和资源，马上会被调用，来维系不具备任何业务功能的官僚体系运作。外部资金一中断，死亡就会如期而至，就像一个濒临死亡的患者，拿下输氧管一样。此时的行政管理没有任何的功能，犹如大家选择跳舞祈雨一样靠运气成神迹。

这个时候的组织，到处充斥着制度、表格、程序、规章，就是看不到真正的经营活动。企业已经不在乎客户，与外界隔绝，盛行文件崇拜，不管什么事情都需要打书面报告，客户提交了书面请求而最终找不到谁能对产品中出现的问题负责。

当下较流行的一本书《原则》，贯穿的一个最重要的主题也是这样的——不进化就死亡。

生物学家经常谈论动物的形态结构变化，比如骨骼和四肢，典型例子就是只关注长颈鹿的脖子而很少关注动物行为的进化。组织管理学者也是如此，经常谈论直线职能型如何变成平台矩阵型，却忽略了群体行为对组织进化的改变。没有行为进化就没有形态结构地进化。这不仅是生物学进化论的本质也是管理的本质。

组织的秘密：打造底层地基

刘宣德 | 资深职业经理人，HR 读书会发起人，“师门教育社群平台”创始人

所谓企业的“底层地基”，就是在社会文化整体没有共识的情况下，企业构建起了自己的局域文化。

没时间读 MBA，看不懂德鲁克，就做不好团队管理吗？

我不这么认为！

由于工作关系我接触了一大批国内的企业家，这些人大多没有特别显赫的背景，或者知名学府的文凭傍身，而各自的企业却也经营得风生水起，其中不乏上市之后成功转型为公众公司的。作为一个旁观者，我从这些实战家身上看到很多与传统管理学思想背道而驰的做法，却也看到这些“野路子”产生的实际效果。安徽的一家服装企业，业绩很好，但老板给自己下属员工的工资并不高，奖金也不吸引人。但他的核心骨干团队非常稳定，同行用重金来挖人却总是无功而返。苏州某家建筑公司，没有绩效考核，而员工却主动选择周末到公司做义工。报销不用领导签字，但却没有人在财务上有任何弄虚作假。

为什么？难道是西方的管理体系不好使啦？

今天我们所讲的管理学体系多是从欧美和日本传入的，里面有着大量的方法论和管理工具，都是智慧的结晶。只是传入国内应用的时候，有一些重要的底层基础被忽视了，那就是社会的文化属性。欧美社会的底层文化是契约文化，日本的文化底层是“菊花与刀”，而当今的中国底层的文化属性却是混乱的、不连续的。强调“温良恭俭让”的中国传统儒学传承发生了断代，曾经的社会集体行为准则，变成了专家的学术成果。所以在“底层地基”不稳的情况下，上面的那些舶来品再漂亮也难以稳固。

到了这里，聪明的你是否已经看出一些端倪。

没错！

上面提到的那些出身不一，却各有成就的企业管理者，无一例外都在自觉和不自觉的情况下选择了首先打造企业的“底层地基”。

何为企业的底层地基？

所谓企业的“底层地基”，就是在社会文化整体没有共识的情况下，企业构建起了自己的局域文化。

这种文化可能是最草根的“兄弟情义”，抑或是现在很火的“情怀”，当然更多的是基于利益共同体基础上打造的“集体梦想”，这跟西方管理学中常说的“愿景”很像。

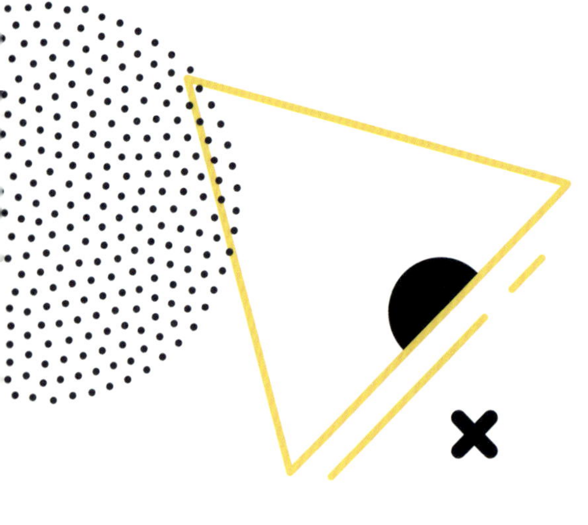

但我还是更愿意用“集体梦想”这个词，因为企业里“愿景”常常是老板自己的“愿景”,而“集体梦想”是先有共识的梦想。两者的差别就在一个“信”字。

上文提到的两家企业中，第一家服装企业的老板虽然没有给大家加薪发奖金，但骨干员工买车，他给报销80%；下属结婚他包下了所有酒席钱；员工的父母重病，住不上院，他动用自己的关系，帮老人安排了特护病房，并亲自开车将老人送到了医院；问他为什么这么做，他说那些人都是他的兄弟，他不能不管。可能有人觉得这些手法很粗俗（low），都是江湖上笼络人心的手段。但是他的团队相信了，他们相信跟着这样的老大做事不会吃亏。

第二家建筑公司是苏州德胜洋楼，有兴趣的朋友可以自己去网上查查他们的故事。当我第一次接触到这家公司的时候，他们颠覆了我很多的传统认知。而他们做得很好，质量已经被他们提升为一种信仰。德胜洋楼的主要业务是建造美式木质别墅，他们可以做到所有平口螺丝钉，拧完之后开口都对着一个方向（有一次我搬了梯子爬上了阁楼，检查所有阁楼上的钉子，确实也是向着一个方向），地板铺完之后，闭着眼睛摸不出接缝（也是我亲自验证的）。如此的品质让他们的订单已经排到了三年之后，整个市场部只有一个人，而且市场部的全名不是“市场销售部”,而是“企业市场订单拒绝部”！有趣吗？

其实信什么不重要，相信本身很重要。信科学、信宗教、信主义、信情怀、信偶像，只要真的信都可以给组织中的每一位成员带来真实的动力。而这种由内而外的动力是形成一个优秀团队的必备基础。

“信”，就是“相信相信的力量”。

没想到这句话这几年突然就火起来了，我还记得第一次说这句话的时候是在主持一次私董会。一群企业家在争论哪种文化更适合中国的企业，我当时觉得他们讨论的方向有点问题。真正的力量不是来自相信什么，而是来自相信本身。于是我想总结一句话表达我的观点，想来想去只想出了“相信相信的力量”这句话。当时并不太满意，因为感觉比较拗口，但一时又想不出更好的文字，只好就用了这句话表达了我的观点。我记得当我说完观点后吵闹的现场突然安静了将近半分钟，我就尴尬地站在台上等着大家提问。

后来与会的私董跟我说，那半分钟他们的脑子里也是有点空白，因为从来没有从这个角度思考过，以至于一时之间大脑根本转不过来。在那半分钟之后整个私董会的议题就变味了，变为如何在团队内部真正实现“相信相信的力量”。那次私董会开到了很晚，会后很多私董在朋友圈写下了：今天刘宣德老师说了一句话，“相信相信的力量”。之后他们还给我看过留言截屏，有一堆人问是啥意思的，还有一堆人直接判定这就是一句忽悠人的话。有些东西只有经历了才会明白。

相信本身为什么会产生力量？我用一个科学的角度给大家解释一下。

“信”的本质是一种心理暗示，也就是你认为它是，它就是。

例如我们很多人都有这样的经历，在电影院看到当年日本军队侵略中国，看到毫无反抗能力的老幼妇孺在机枪下一片一片地倒下，那种悲愤的心情在整个剧场里蔓延着，压抑的情绪无处宣泄。这个时候如果有个身着日本军装的人出现在人群中，他的下场可想而知，这就是“信”的力量的体现。

这种力量如果能够传递到企业的团队里，同样会迸发出巨大的威力。

判断“底层基因”是否构建成功的两大要素：大家相信你讲的话吗？你相信自己讲的话吗？

组织管理者无论是何出身，拥有构建“底层基因”的能力都是极其重要的。就是要在组织内部形成一种人人都真正相信的共识。

“底层基因”构建的过程，实际上就是“相信”的过程。“相信”对于团队而言不是一个瞬间的选择，而是一个完整的过程。

大部分团队成员会告诉你，让我相信没问题，请先让我看见。看见成功案例、看见行动、看见一切能让他们产生信任的东西。然后他们才会选择相信。

那么有没有人没有看见就信了的呢？

97 年前，一群来自天南地北的人聚集到上海的一个弄堂里，他们提出推翻旧社会建立新中国，他们那个时候并没有看见，但他们选择了相信，这群人后来建立了新中国。

19 年前，一个瘦小的男人穿着略显宽大的西装，在杭州的一栋民宅里，对着 17 个伙伴畅谈他的互联网梦想。那个时候普遍的上网方式还是用调制解调器拨号上网，网速 56k。他那个时候没有看见，但他选择了相信。这个人叫马云。

大部分人是因为看见才相信，所以他们叫群众。

一小部分人是因为相信才看见，所以他们叫领袖。

企业的“底层基因”建立的过程，就是一小部分人因为相信，所以看见之后，逐渐聚集一群因为看见，所以选择相信的战友，一起走向坚信的过程。

他们是真的信！

阿里巴巴在中国地产业最为红火的十多年里，没有投一分钱在地产上面。因为马云坚信他们要做的是“让天下没有难做的生意”。因为马云做出了这样的选择，而让阿里人更加确信“让天下没有难做的生意”是他们真正的使命，而不是一句忽悠人的话。支付宝、蚂蚁金服、菜鸟物流都是基于这个“相信”的产物。

当一个团队的“底层基因”建立成功之后，一方面可以指引组织前进的方向，另一方面也统一着大家的行为标准，使他们看起来是一个真正的团队。

Performance
4 绩效

不设底线的考核，都是耍流氓

THE ASSESSMENT THAT DOES NOT SET BOTTOM LINE, IT IS PLAY HOOLIGAN

为什么追求考核结果，
会导致多快好省？
为什么用考核解决一个问题，
会导致出现更为严重的问题？

喻德武 | 能源公司人力资源总监，从事企业管理顾问和 HR 多年，著有《绩效管理顶层设计》《互联网 + 人力资源管理新模式》

2018年11月14日晚，有位网友“花总丢了金箍棒”曝光其入住的近20家五星级酒店的卫生乱象。曝光视频中，服务员用浴巾擦杯具、马桶、地板、窗台等。喜来登、华尔道夫、王府半岛、宝格丽等顶级酒店纷纷中招。

友“花总丢了金箍棒”表示：“他一共暗访了30多家五星酒店，视频曝光的仅仅是拍摄效果相对清晰、比较有代表性的14家，事实上酒店卫生乱象的波及面将近100%。”

五星酒店卫生状况尚且如此，其他酒店能好到哪里去？会不会像当年三聚氰胺一样，导致整个行业塌陷？可能我是太过杞人忧天，因为很多事情似乎已经见怪不怪了。

导向问题——考核难脱干系

根据网上一份某国际酒店卫生管理制度显示，在客用口杯、茶杯消毒制度中包含7项程序。

1 从客房撤出的茶杯、口杯放到消毒间倒尽茶水；2 把茶杯放到清洗池内，用清洁剂洗净，然后放到冲洗池内用清水冲净；3 用消毒剂配上一定比例清水装到消毒桶内，按消毒剂说明为准，一桶水放一片“一片净”消毒片；4 将洗过的茶杯、口杯浸泡在消毒水内，时间至少10分钟以上（化学消毒法）；或将清洗好的茶杯、口杯擦干连

为什么追求考核结果，会导致多快好省？
为什么用考核解决一个问题，会导致出现更为严重的问题？

同铁框一并放到消毒柜内消毒（物理消毒法）；5 打开消毒电源（自动消毒），消毒至少 45 分钟后将茶杯取出；6 取出已消毒茶杯、口杯储存到封闭的保洁柜里以便备用；7 在消毒记录上做到登记，记录消毒的时间和姓名。

但实际情况是，这些规定在实践中难以执行。一位酒店工作人员向凤凰网财经表示："服务员的工资和工作量是挂钩的，一个房间提成多少钱，所以要很快"。换句话说，这样的规定与考核提成自相矛盾，所以才会形同虚设！

多快好省、偷工减料，固然有人心浮躁、急功近利的因素，但考核也难逃干系。

无独有偶。一年前，日本神户制钢曾曝出长期篡改材料数据，以次充良，长达十年之久，丑闻一出，天下震惊。为此有人断言：日本质量神话破灭。

为什么视质量如生命的日本企业也会造假？这当然有深层原因。神户制钢有一条关于良品率的考核，可以说与数据造假有直接原因。神户制钢上至管理层、下到员工，为了提高良品率，把信誉和质量抛诸脑后，至于"成本和交付压力"的说法，不过是托词而已。为了自身利益牺牲客户 / 用户利益，这是典型的损人利己。

利益驱动是一把双刃剑

想让员工拼命干活，必须有利益驱动。仅靠贩卖情怀，要么是骗子，要么是耍流氓。

所以人们总是希望干得好、拿得多，这才有动力。正因为这一点，很多企业把绩效考核结果与利益挂钩，以此来激励员工的工作积极性。但这样做的负作用，则是让一些具有内驱力的员工转而为钱工作——本身就想把事情做好，结果变成了因为拿钱才把事情做好。

所以，与利益挂钩的绩效考核让一些表现良好的员工又爱又恨——爱在有经济利益驱动，干得好有奖金拿，恨在有些指标让人违背心意做事。诚如一个前端开发工程师所说："自从有了 KPI 考核指标，我不再面向对象编程，而是面向 KPI 编程。"

可以说，考核作为一把利器，必然会带来趋利避害行为——这里的"利"主要是经济利益，"害"主要来自组织压力。在考核的背后，是各种利害关系的博弈，从来都不是考核"绩效"这么简单。可以说，考核体现的是组织意志。考核结果除了会与收入挂钩外，还有饭碗问题，作为员工，孰轻孰重，谁不会掂量掂量呢？

利益导向会让各方力量不断博弈，总是以力量相对强大的一方占据主导，最有可能出现以下几种情况。

第一种，损人不利己。员工赢了，企业输了。局部指标看上去很漂亮，但整体绩效却没有任何提升，为了顾及极少数人的利益，奖金仍然照旧发，谁知企业经营不下去，难以为继；或者企业总是从员工身上打主意，表面上看企业赚了便宜，但却是杀鸡取卵的短期行为，导致团队整体士气低迷、绩效不彰，直至每况愈下，陷入恶性循环。出现这种状况，往往是因为把企业和员工放在对立面考虑问题，没有想到二者是利益共同体。

第二种，损人利己。为了个人利益损害集体利益，为了短期利益牺牲长远利益。比方说，老板和员工一起骗客户，表面上看企业赢了（企业赚了钱，员工拿到奖励），客户 / 用户输了。但是其唯利是图、造假制假的行为，最终纸包不住火，轻则信誉扫地、利益受损，重则企业倒闭、责任人锒铛入狱，这无异于搬起石头砸自己的脚，最终害的还是自己！如神户制钢、三鹿奶粉等。

第三种，利己不损人。无公害，忠实履行分内职责，有独立解决问题的意愿

总归一句话，考核导向，一定要权衡好各种利益关系。

和行为，但看到企业的其他问题，往往抱着“事不关己高高挂起”的心态，虽然想独善其身，但企业经营好坏与个人发展、待遇息息相关，很难切割开来，处于想做“精致的利己主义者”而不得的境地。这种企业往往凝聚力不足，单个看都是人才和精英，但缺乏团队精神和资源整合意识。

第四种，利人利己。这是考核要追求的目标，即所谓的双赢甚至多赢！利人利己，是让各方都获利，包括客户、员工、合作伙伴，简单来说，让利益相关者和参与方价值最大化。说大一点，是让整个社会财富增值，担负起社会责任（税收、创造就业等）。

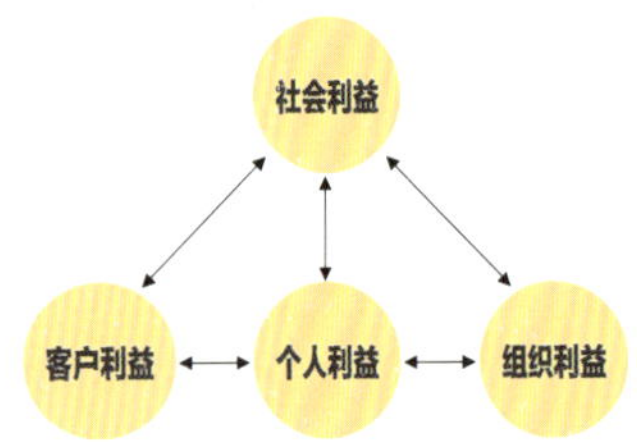

有时为了更长远的利益，甚至做出必要的利益“让渡”。用好了，能起到正向推动作用，用得不好，则会成为个人谋利的工具，让人性中的贪念恶行大行其道，让组织友好氛围和个人幸福感荡然无存！

达利欧在《原则》一书里说，他不喜欢投行的人，因为在投行工作，来钱太容易，到处充斥着嫉妒和贪得无厌，一个年薪200万元的人会对另一个年薪300万元的人妒火中烧，钩心斗角、处处作对。在投行工作，会把人弄废掉。

能否守住考核底线，决定组织能走多远

曾经喊着肯德基开到哪里它就开到哪里的国产快餐品牌“荣华鸡”，在2000年接连亏损后宣布撤出北京，最后倒闭。其中很大一项因素来自自身规定：超时卖不掉的产品，可以低价出售给员工。而肯德基麦当劳则要求必须倒掉。长此以往，因为希望买到便宜的炸鸡，荣华鸡的员工们开始有意多炸几只，等到超时后低价购买。

这给我们什么启示呢？假如你是公司员工，你是想方设法把公司产品卖掉换钱，还是想着少卖一些剩下的留给自己享用？理性告诉我们要多卖产品换钱才能多发奖金，但终究敌不过眼前的那点实惠和诱惑，人性的短视和急功近利，是禁不起推敲和考验的，这就需要严格的考核制度去规避。

有人曾给HR薪酬管理岗位设了一条KPI指标，叫作工资核算差错率。我觉得很奇怪，这样的工作是不容许有差错的，做对了不会加分，但算错了要扣分。尤其涉及差错率、损耗率的问题，不得不审慎。下面这个例子就非常典型。

作家王鼎钧在回忆录《关山夺路》中，详细记载了从抗战胜利到败退台湾三年多时间里，王鼎钧时任一个国民党军队基层军官的亲身经历，其中里面有一段描述令人印象深刻。

王鼎钧1948年调到后勤基地，对国民党军队的贪污手段大开眼界。例如运粮船准许有“船耗”，如果船舱漏水，粮食受潮，可以报损。于是每艘船都进水，每个船长都开证明。米袋子从港口装车，工人拿个钩子，把麻袋拉破一个口子，米就哗哗的流到地上，这样的米就“污染”了，被记入损耗。这就导致每一船米都会有相当数量的“污染米”，船粮米都可以短少一些，完全合法。

可以说，当年国民党上行下效，已经从根上烂掉，焉能不败？俗话说，门往哪里开，人就会往哪里走。允许有“船耗”存在，这本身就是最致命的问题！

这个道理跟财务记账、计发工资一样，根本不应该允许错误发生，这是岗位的基本职责要求，如果连这一点都做不到，那坐在这个位置上的人就不合格，更谈不上胜任了。因为这样的口子一开，再难弥补，不仅会损失一时的利益，更会成为争相效仿的坏榜样，让组织患上“败血症”。

千里之堤，溃于蚁穴。设计考核体系如果没有底线意识，宣称越科学、越先进，可能风险越大，不执行还好，执行了反而会自食恶果！

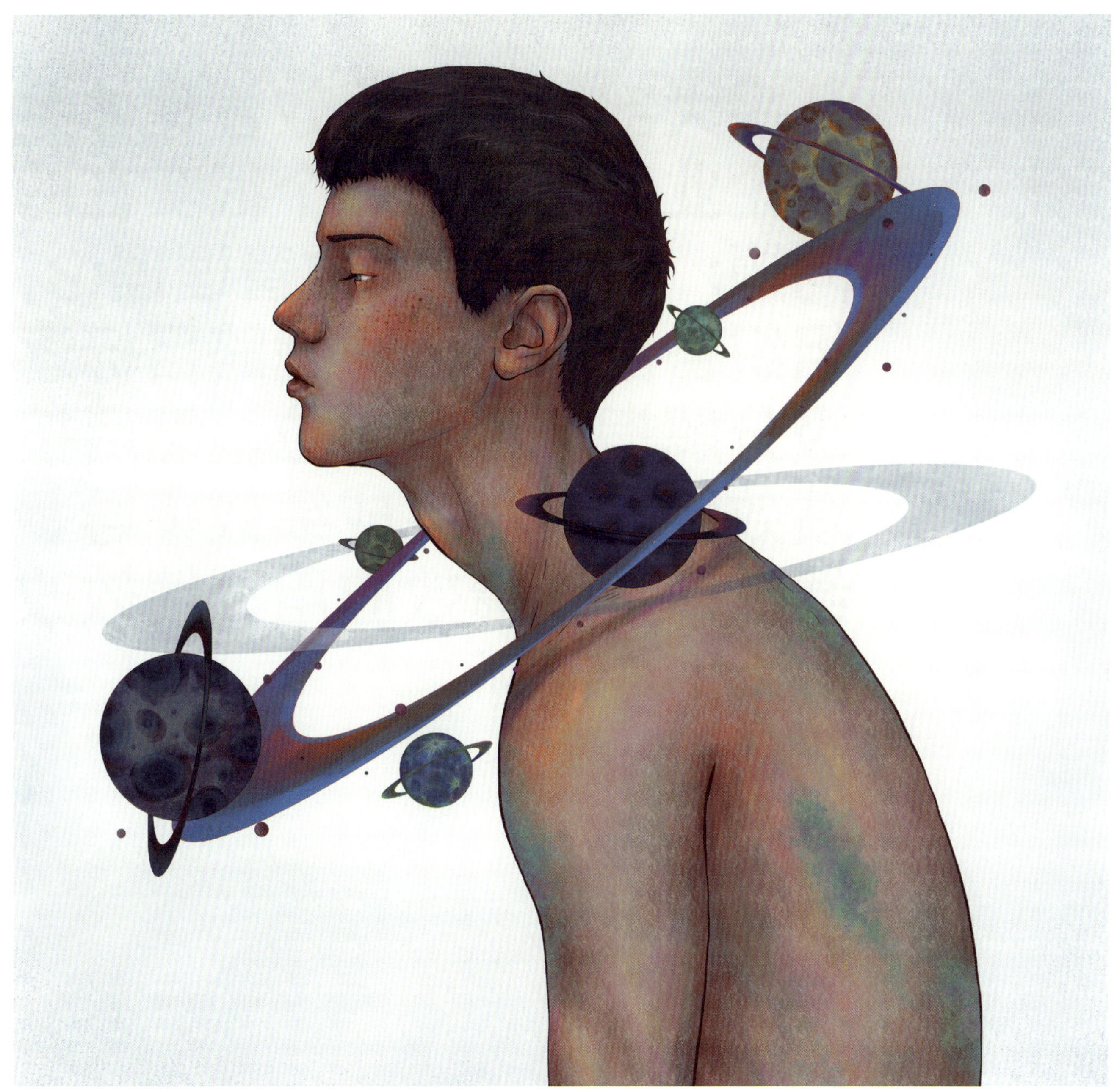

跳出 HR 思维分析绩效管理失效的原因及改进建议

绩效管理流程似乎是完美、
无懈可击的。
但如果跳出 HR 思维来看，
问题恰恰出在无懈可击的绩效流程上。

陈广平 | 资深企业管理顾问，资深人力资源专家

几乎大部分实施绩效管理体系的企业都会面对一个很实在的问题：HR 按照绩效管理理论，组织各部门对公司战略目标逐级分解指标到各岗位，然后按绩效管理流程完成绩效辅导、绩效评价、绩效应用、绩效改进，形成闭环。

最终发现，投入大量人力、物力后，绩效管理流程走完了，似乎在战略目标实现、绩效提升、员工激励等方面并不能达到预期收益，少数企业甚至得到的是负收益。

为什么会普遍性出现这种现象？绩效管理流程似乎是完美、无懈可击的。但如果跳出 HR 思维来看，问题恰恰出在无懈可击的绩效流程上。

如图 1 所示，流程输入是企业战略规划，这一点没有任何问题，但从流程第一步绩效计划开始，每一步都存在缺陷和漏洞，致使操作者哪怕严格按流程操作也无法取得预期效果。

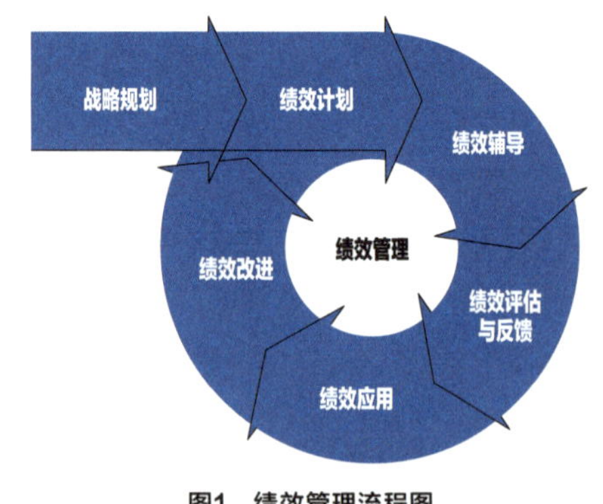

图1 绩效管理流程图

绩效计划

无论采用哪种绩效管理工具［如 BSC（平衡计分卡）、MBO（目标管理）或者 PBC（个人绩效承诺）等］，在绩效计划环节的重点工作是根据战略将绩效目标层层分解到各分子公司、部门，最终落实到岗位（个人）。要求是上下层指标对应承接，关联指标相互支持，上下级充分沟通达成一致。从 HR 的角度，绩效到此已经完成工作。

问题点如下。

（1）只考虑指标承接分解，未考虑相关方利益以及指标设立可能带来的负面影响。

例如，很多企业会提出降本增效的要求，分解如图 2 所示。

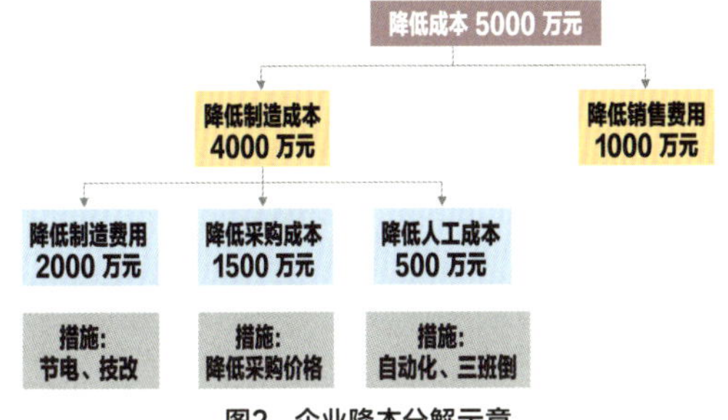

图2　企业降本分解示意

从指标分解看，似乎没有什么问题，也有行动措施支持。但是：

①降价是多数企业降低采购成本的基本方法，我曾经在多个客户处看到采购部考核指标中有一个是“采购降价 x%”。表面看，降价是降采购成本最直观的有效手段，但由于降价带来的负面影响是供应商在产品质量、交货期限、服务等方面必然会有所降低，由此产生的挑选、退货、生产待料、货期延误等成本损失也许远高于降价产生的收益。

②降低销售费用会演变成降低销售人员出差待遇、降低公关费用、降低出差费用。产生的后果是，费用控制下来了，可销售人员不愿出差，因为出差多了，如果没有足够的订单不能对冲，可能不但拿不满销售提成，还得倒扣绩效。但不出差不跑客户，又怎么开发新客户，怎么维护好老客户？

诸如此类的指标分解还有很多，研发计划完成率、项目里程碑达成率、培训计划完成率等。最后均是数据漂亮，实际效果不达标。

（2）只考虑组织分工，未从全流程运作角度考虑。典型的常用“公司—组织—个人”KPI指标分解路径如图3所示。

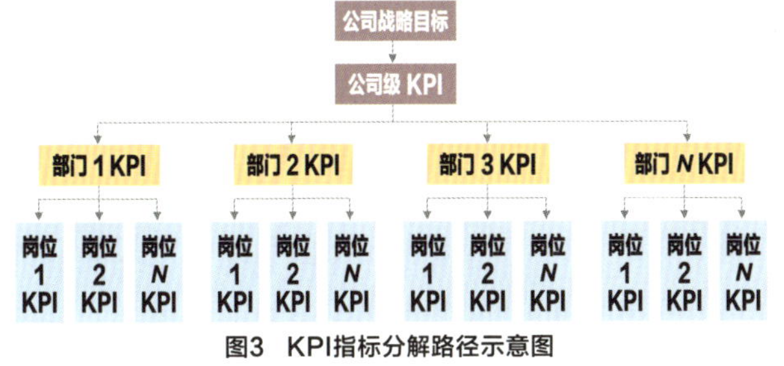

图3　KPI指标分解路径示意图

而企业经营运作是各部门和各岗位的集成，通过各种流程承载业务运作，实际运作如图 4 所示。

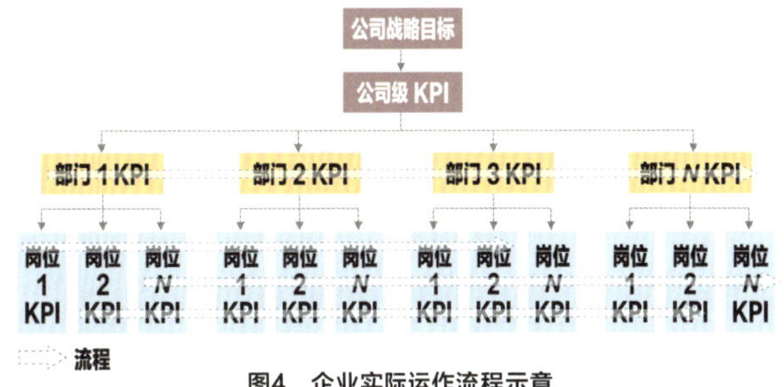

图4　企业实际运作流程示意

对比图 3 和图 4，我们就能发现为什么企业实施绩效管理经常出现“部门考核优秀—企业整体业绩不优秀”“员工考核优秀—部门或团队绩效不优秀”的怪象。原因是，依据职能分工，部门和岗位只对自己的 KPI 负责，而反映组织真实运营能力的流程 KPI 反倒没有负责人。

改进建议如下。

（1）不能局限于指标分解这一任务，在每一个指标确定之前，要从全局充分分析该指标可能产生的影响，包括正面的与负面的。尤其要注意负面影响，要考虑采取什么方法来消除或降低这些负面影响。比如降低采购成本，要从采购总成本角度考虑，降价只是其中的一种方式，还有人工成本，以及原材料质量损失成本、待料成本、延期交付成本等分摊。如果仅采用降价，并不是不可行，只是要充分考虑供应商由于利益下降导致可能的交付质量降低损失等。如果评估损失大于降价的收益，那就不采用这个指标。

（2）分析实现目标关键措施的可执行性，例如降低采购成本，当研发或生产因急需而需要进行特采时（此情形一般采购价格会比常规采购价格高），采购部很可能因为绩效考核原因只会按照正常采购流程执行。类似这种情况，可能需要在指标设置的同时提出流程、组织、授权等方面的管理变革。

（3）关键流程任命负责人（流程 OWNER），从业务层分解指标，承接流程 KPI 指标。如图 5 所示。

图5 关键流程KPI示意图

绩效辅导

在绩效辅导阶段，理论上要求管理者需要完成绩效诊断，过程监控以及信息收集等工作。通过绩效诊断帮助员工不断改进工作方法和技巧。通过过程监控，建立和实施“双向沟通”制度，随时纠正员工行为与目标的可行性偏离。收集和记录员工行为、结果的关键事件或者数据作为绩效考核的依据。

问题点如下。

（1）虽然大多数绩效管理模板会设计绩效沟通这一栏，但仅仅是起到了提供上下级完成了绩效沟通证据的作用，对于帮助员工不断改进工作方法和技巧并没有实质性作用。造成这种结果的原因很多，有可能是绩效指标设置的问题，也有可能是绩效辅导方法本身的问题。

①某公司销售目标分解到区域后，根据每个业务员所负责片区实际情况进一步分解到个人，包括区域经理也有个人销售指标。区域经理绝大部分时间和精力用于完成个人销售指标，除了传递公司上级指示或政策外，基本不过问业务员日常工作。后来，将区域经理个人指标变为整个大区指标后，区域经理的绩效辅导工作才真正到位。

②模板本来是为了更好地帮助使用者，但某些时候模板设计考虑不周全却反而成为造假的根源，因为只要填写完模板就能证明做了绩效辅导。绩效辅导模板要基于业务进行个性化设计，提供一份标杆企业绩效辅导模板供对比参考。

区域销售绩效辅导沟通模板

模板使用说明：
一、绩效辅导沟通可采用线上或线下方式，由区域经理根据实际情况确定。
二、绩效辅导沟通频率至少每周一次，间隔时间不能超过十天。
三、绩效辅导沟通内容必须基于本期销售业务，基本步骤如下。

（1）辅导对象总结本期工作，分析工作难点或问题，重点客户状态，主要竞争对手动态，我方采取的主要措施等。

（2）辅导对象汇报本期重点工作任务达标情况。未达标项则要说明事项和原因。

（3）区域经理对辅导对象进行绩效诊断，指出不足并指导改进。

（4）商讨并确定下一期工作要点和计划。

（5）通过辅导沟通收集绩效信息和关键事件，为绩效考评提供依据。

（6）每次辅导沟通完成后，需填写本模板，并以邮件发送 HR 备案。

区域销售绩效辅导沟通模板					
区域经理		辅导沟通日期		辅导方式	
辅导对象					
辅导内容	本期工作总结：				
	辅导要点：				
	下期工作要点与计划：				

（2）管理者往往把绩效评估时的绩效反馈当作绩效辅导。在做项目调研时，经常遇到这样的回答，“我们有做绩效辅导啊，每次考核打分，都会有下属沟通。”从某种意义上说，这是 HR 部门的失职，未将绩效辅导的方法、工具和制度落实。

改进建议如下。

（1）设计独立的绩效辅导沟通模板，明确绩效辅导沟通的要求、方法等。

（2）绩效辅导沟通可分为正式沟通与非正式沟通。单对单的沟通建议多采用非正式沟通，优秀企业在这方面做得相对比较好。比如华为“炒粉文化”，上级请下属吃炒粉，在一个轻松的氛围讨论工作，有利于更充分地沟通。

（3）正式沟通，HR 应明确正式沟通的方法与渠道。可分为定期和不定期沟通。

①定期沟通是指在一定周期内（如每周或双周，不宜超过双周）进行，沟通方法可以是面对面、会议（如例会）、下属工作报告等。

②不定期沟通是指管理者通过日常工作观察，临时性安排的与下属沟通。比如工作中出现了关键事件或者绩效进度出现了较大偏差等。

绩效辅导贯穿绩效形成全过程，有效应用绩效辅导方法和工具既是达成绩效目标的保障，同时也是管理者培养下属的有效手段。

绩效评估与反馈

问题点如下。

绩效评估与反馈在实施中，多数是为了与下属在评分上达成一致意见，重评估而轻反馈。如果管理者在绩效辅导过程中没有收集到充分的数据信息，较容易出现下属不服现象，引发绩效申述。

改进建议如下。

（1）绩效反馈主要内容包括，共同确认本考核期内绩效达成情况，肯定员工的优良表现，同时指出需要改进的地方。协助下属制定下一周期绩效目标和改进工作的计划。既明确了下一个阶段的工作重点和目标，又制订了绩效改进方案，这才是绩效评估与反馈的正确打开方式。

（2）沟通过程，第一，要给下属充足的发言时间，倾听、肯定、表扬；第二，在指出问题时不能大而泛之，必须有具体事例说明；第三，以讨论的方式完成沟通，而不是以上级的态度告知员工绩效怎样，问题怎样之类。平等的角度进行交流，是对员工表达尊重，并使员工有更积极参与的热情。

绩效应用与绩效改进

绩效应用普遍集中于员工激励，最常见的有绩效奖金、职位调整等，这也是 HR 思维的正常体现。这种应用最大的问题是无法真正实现绩效改进，有时候甚至会产生绩效倒退。比如企业一般会将业绩优秀的员工提升为管理者，但这名员工很可能专业优秀却不具备管理技能，被推到管理岗位后，一方面由于缺乏管理技能带不好团队，导致团队绩效不好；另一方面又因为管理团队而分散了自己的时间和精力，导致自身绩效倒退。

改进建议如下：

（1）从企业全局思考应该在哪些范畴实施绩效应用，最终目的一是激励员工，二是绩效改进。这里的绩效改进不仅仅是员工的绩效改进，而且包括组织的绩效改进。下面重点分析可用于组织绩效改进之处。

①监控公司级关键流程 KPI，通过 KPI 变化寻找改进机会。

我们可以事先设定一个 KPI 正常波动范围，如图 6 所示，线形 1 属于正常状态，此时，我们对该流程不需要采取措施，后续正常执行即可。线形 2 有冲出正常范围的情况，无论是向上突破还是向下突破，都应进行分析，确定是例外还是以后会形成常态。如果是例外，说明企业需要设计例外管理的流程或制度进行预防；如果会形成常态，则需要对该流程进行优化。线形 3 表面看属于正常范围内波动，但形成了一种持续向上或向下的趋势，这种趋势可能就是企业改进的机会。

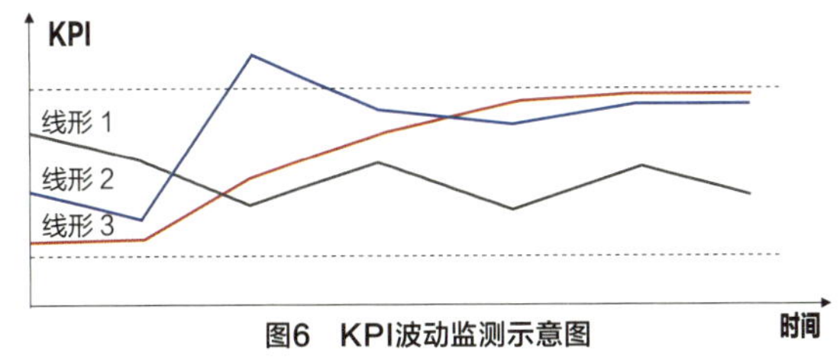

图6　KPI波动监测示意图

②竞争能力培养，通过绩效数据分析，找出企业优势和弱势，根据长板或短板理论，确定需培养的能力。

（2）员工成长，由 HR 统筹，作为企业年度培养计划的输入。

（3）优化绩效目标或调整行动计划，结合企业经营环境与市场环境变化，原则上只调整行动计划以保障目标实现，但当环境发生重大变化时，则需考虑目标调整，或目标与计划同步调整。

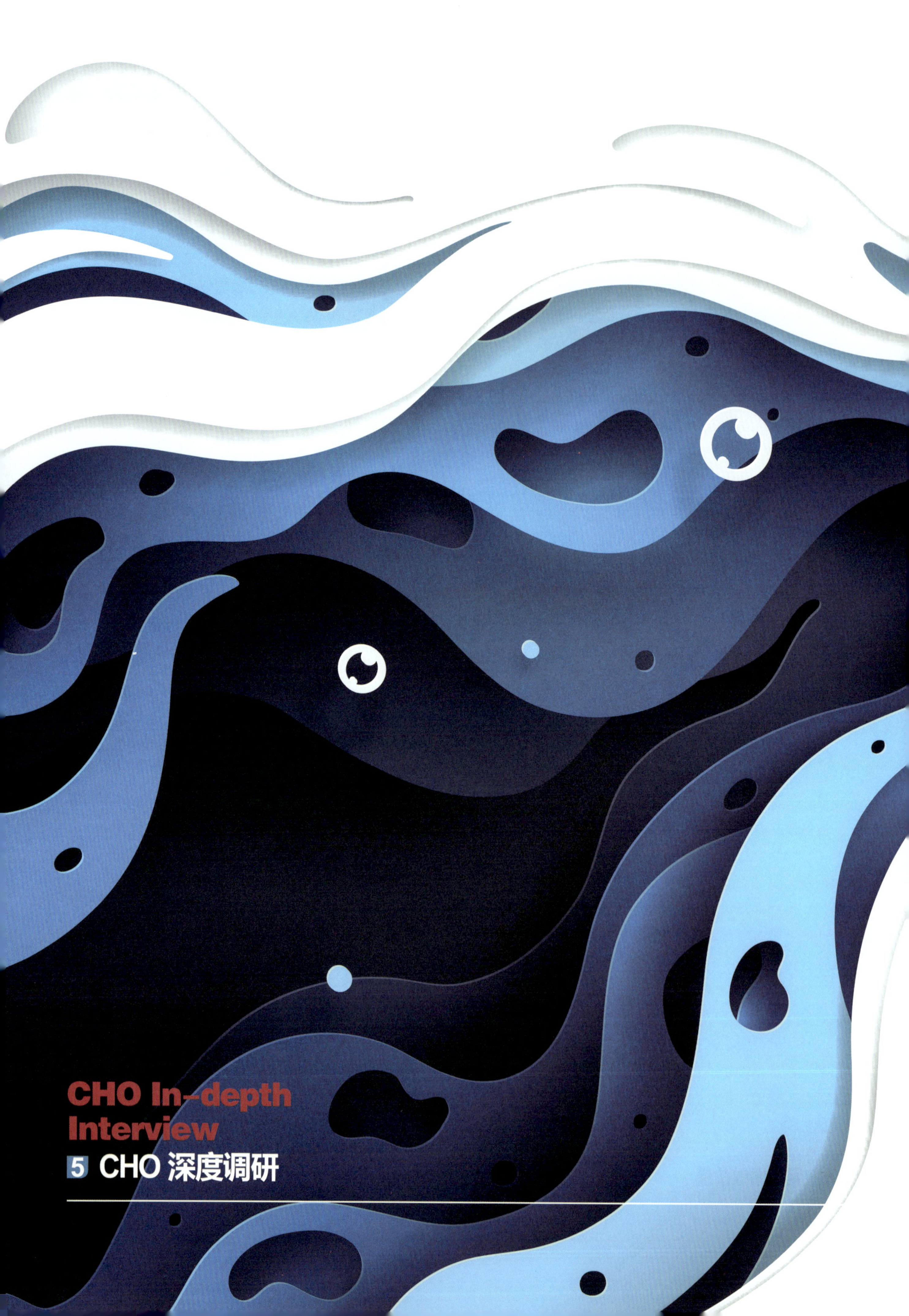

CHO In-depth Interview

5 CHO 深度调研

大道归仁

——安踏之道的中国文化式解读

AVENUE TO THE KERNEL

在体育行业有一个说法叫“安踏现象”，指安踏往往在行业萎缩、市场危机的情况下还能够逆势上行，而且创业二十多年以来持续增长、不断超越，成为行业的领导者。

杨渊 | 本刊记者

2018年11月，CHO走进安踏集团，采访了安踏集团副总裁李玲以及人力资源、企业文化、主要社团负责人等23位专业人士，实地深入地了解和感受了安踏。

我们发现，使安踏奠定基业的“以消费者为导向，以市场地位为目标，以贡献者为榜样，以创新为生存之本”的“安踏之道”，其背后有着朴素且厚重的中国文化尤其是儒家仁、诚、义、勇等优秀传统价值观的意蕴，两者在某种程度上有共通之处。依此逻辑，我们尝试对“安踏之道”做一种中国文化式的解读，希望从中发现中国本土企业、本土品牌发展成长的内生动力。

革开放40年，中国的民营经济风起云涌，一批批的民营企业如蛟龙入海，在市场的大潮中创造了一个个奇迹。有的企业，如昙花一现，趁势而起，却不能基业永固，在短暂的辉煌之后销声匿迹。有的企业，却扎根入大地，在激荡的市场环境中，任尔东西南北风，不仅岿然不动，且越发强健和从容。仔细参究这样的企业，除了机遇的因素和时代造就外，其创始人的人格精神和企业的管理模式、企业文化，无一不透露出鲜明的中国文化色彩。这些企业普遍在中国传统的人文伦理底色下，将积极进取、忠恕仁爱、信义和平等优秀文化、精神在经营和管理当中一以贯之，从褴褛草创而终于大成。安踏集团就是典型的这类企业。

安踏集团1991年诞生于福建晋江，“海滨邹鲁”的美称已昭示了这座城市的礼乐昌明。自古以来的商贸重埠，又积淀了深厚的商业文化。深受这双重文化哺育的晋江人丁世忠和父兄在创立“安踏鞋业”的时候，也许就注定了安踏的“永不止步”。28年后，安踏集团市值过千亿元，员工近万人，成为世界知名的综合性体育用品公司和国内同行业的领导者。与此同时，许多当年和安踏同台演绎，甚至风头更甚的同行，有的已经黯然淡出舞台。

在竞争白热、千帆竞渡的体育行业，为何安踏能够胜出？纵观安踏的历史，在其每一个重要的历史关口，几乎都做了正确的决策和选择，表面看来，这是掌舵人和管理团队的睿智或远见所致，但其背后的实质，是深植于安踏人心中的一种价值观的支撑，这就是“安踏之道”。

所谓安踏之道，在安踏集团的企业文化体系里被表述为“以消费者为导向，以市场地位为目标，以贡献者为榜样，以创新为生存之本”——明了质朴如斯！但是，只要是深入接触过安踏的人都能体会到，安踏是怎样将这些至简至易的大道理融汇在管理中、落实在行动上。更加重要的是，作为一种精神和哲学性的提炼，“安踏之道”以及所有安踏进行着的管理实践，背后都蕴积着深刻的儒家文化内涵：仁爱、诚信、道义、勇毅以及生机活泼的生命欣欣之义等。

这些才是“安踏之道”的深层基因。

仁篇

以贡献者为本，员工敦睦上下同心

安踏集团的副总裁李玲说：“安踏集团有非常鲜明的企业文化特色。‘铁军文化’在公司深入骨髓。公司在28

安踏总部

安踏旗舰店

年的发展历程中，吸引了很多来自不同行业、不同国籍的职业经理人，还有很多长期服务公司的超过 20 多年、10 多年的和安踏一同创业成长的高忠诚度‘老员工’，以司为家。每年集团年度盛典领取公司超过 5 年、10 年长期服务奖的经常是二三百人。”

的确，对于安踏这样一家从创业的艰辛中一路拼杀出来的民营企业，能有相当数量的忠诚员工一路跟随，已经很说明问题。安踏创立 28 年，入职十几年以上的老员工比比皆是，司龄和公司“同庚”的也大有人在，公司上市之前的核心班底几乎没怎么流失。这在中国的民企里，不能不说是个奇迹。

奇迹的背后自然有其因果逻辑。在安踏的文化中，有一种根植于企业深层的“铁军文化”，老板和员工一同战斗，爱拼敢赢不服输的精神让安踏集团的队伍充满胜利的气质。同时，“铁军”也有柔情，公司对员工的关怀也殷殷备至，员工也将企业看作安身立命之所，为之拼搏奋斗。安踏强调“感恩文化”，将感恩在企业文化的体系中加以强调。

安踏很早就给员工提供了非常完备的福利体系。在企业成立的早期，当时五险一金还没有强制实施，安踏已经给员工足额足月缴纳了；而且当时当地的很多企业还是六天工作日，安踏率先改成了五天双休。不过，最能体现安踏集团董事局主席丁世忠“大家长”情怀的，恐怕是在员工“吃好”的这件事上。他对于员工吃得饱、吃得好，真像家长一样时时操心叨念，常和财务部门的同事说：“关于员工吃这一块，你们不要老说成本多少，亏多少。吃到员工嘴巴里边的那都不是亏的钱，那都是赚到的。”

行政管理中心的吴丽娟记得，他们刚推出高档员工自助餐时，丁世忠问了一下价格，一听 48 元一位，马上急了，说太贵，价格要改一下。吴丽娟解释这个价钱已经是在亏本卖了。丁世忠说：“什么叫亏本？不行，马上调整。”最后，价钱调低到了 35 元，菜又增加了八道，包括中西餐，食材要求很高。成本上，等于员工出一半的钱，公司再补贴一半。

营运中心大楼五层海景餐厅和六层的商务简餐厅，用员工的话说，“基本上不怎么花钱”，每个人 10 元左右就能吃得很好，公司每月还给每个人 300 元的餐补，所以员工吃饭几乎是免费的。而公司为此的付出是，每年倒贴 3000 多万元在餐厅和农场上。

除了便宜，安踏的饭菜还以花样多、食材好著称，很多厨师是五星酒店挖来的，菜则来自安踏自己管理的种植基地，均为绿色蔬菜。并且，为了保障员工吃得安全，丁世忠亲自去挑选各类厨具，后来又制定了专门的巡视制度，规定每个月由一位集团副总裁级领导轮流巡视食堂。米面粮油、鸡鸭鱼肉，都得由领导们逐一检查，品质合格，才会给员工吃。除了安全上的责任外，安踏的领导们还有“送餐”的义务。每个月，董事会成员会轮着送一道高档菜给员工。安踏的员工都会在朋友圈里晒“安踏的美食”，狂晒员工“吃的幸福”。的确，在被誉为“最美海景餐厅”的公司食堂，俯瞰着海景赏心悦目，又吃着安全美味的饭菜，享受着公司高层浓浓的关怀，恐怕不在内心中油然而生出自豪和满足感也难。

在生活所需的各个方面，衣、食、住、行、医疗、子女教育等，安踏给予了员工全方位的保障和照顾。安踏的员工们有一句话叫“一人进安踏，全家穿安踏”，就是指安踏每个季度给员工发的制服卡，自己用不完，还能给家人用。免费的接送班车、黄金地带盘下的免费停车场等，在周边其他公司看来艳羡的福利，在安踏已是稀松平常。安踏更大地投入是在员工的住房和医疗方面。

2017 年，安踏发布了面向全体员工的“安居计划”和“医疗无忧计划”。“安居计划”为工作满 5 年的员工购房提供大额的无息贷款，根据职级不同最高可贷到 150 万元，足够员工在厦门或泉州两地购房。考虑到通胀的因素，公司实际上是在贴息支持员工购房。“医疗无忧计划”则是在正常医保外，公司又单独给员工投保了补充医疗险，这样，员工几乎可以享受到全免费的医疗待遇。

其实，在疾病医疗这方面，早在 2011 年，安踏公司就出资 1 亿元成立了“和木爱心基金”，为员工及其直系家属提供遭遇重大疾病或灾难时的医疗援助和资金支持。有人感慨说，只要进入安踏，员工的生活就完全可以安定无虞，你所要做的，只是安心工作而已。

当然，作为“家长”，一方面要关心爱护员工，另一方面也要鞭策激励、帮助其成长。安踏的人力资源中心针对员工有一个专门的 IDP（Individual Development Plan，个人发展计划），根据每位员工的能力结构、发展方向、岗位胜任要求等，由其本人和上级、HR 共同商定一个发展规划，确定需要提升的板块、方向和方法，制订相应的培训计划，然后每月由人力发展专员访谈跟进，看实施是否有效，或者哪里需要更正、校准。这样，员工等于是在公司的陪伴和教练下发展，既能快速成长，也避免了很多由于盲目或个人规划不清晰走弯路的情况。

安踏为员工提供了丰富的培训和拓展学习的机会，如果觉得哪些课程非常适合某位员工，就会派他出去专门脱产学习，对于经理级以上人员，安踏和厦门大学签订了长期的 EDP（高级经理人发展课程）培养协议，可以说，只要肯努力，员工就会在安踏得到全方位的成长；只要跟得上，安踏就能给他提供几乎无限的发展空间。

安踏不忘本，这是安踏老员工们最深切的感受。虽然由于企业飞速发展，各类人才不端涌入，但是安踏对老员工们，对最基层的员工们仍然保持着关怀。在晋江生产基地，多年在创建“家”文化，晋江总部有 3000 多名一线生产工人，为了不让工人们操心子女上学的事，安踏向政府申请，就近协调安排员工子女上学，同时为了更好帮助员工解决子女教育辅导问题，为工厂一线员工的子女设立 4 点钟学校，专人照顾放学孩子做作业并辅导学习，为一线员工解决了后顾之忧。近几年来，安踏鞋生产中心一直在坚持推行优秀员工亲人的“感恩之旅”，为了让员工们的父母安心，也是公司对于员工家人的回馈与感恩，公司将优秀员工的家人请到厦门或泉州，让他们亲眼看到自己孩子的工作环境、工作状况，也见证孩子的成长。“那一次好多人都哭了”，亲自见证了这一幕的总裁办机要经理涂芳说。

“老吾老及人之老，幼吾幼及人之幼”，作为一个企业，安踏这样充满赤诚地善待其员工，人皆有心，员工们自然也投桃报李、忠诚服务。在问及入职14年的晋江企业文化负责人蔡珊珊，是什么原因让她一直坚持留在安踏的时候，她脱口而出三个字：“舍不得”。这朴实而真挚的三个字也许能代表绝大多数安踏人对公司的感情，如涂芳所说的“我觉得安踏就是我生命中不可缺少的一部分”。正是这种在法理之外，在制度之外，基于情感而建立的心理契约，使安踏能够在每一个关键时刻上下同欲，勠力同心；使安踏能够在执行力上上行下达，如臂使指；使安踏有勇猛无畏的底气，而无根基不稳的内患和隐忧，从而无往不胜！

勇篇

执行为魂，铁军精神引领变革

孔子说：仁者必有勇。这话落在安踏的身上，倒是非常贴切。安踏从创立以来，每每到企业发展的关键时候，总能飙发出一股悍勇之气，心雄万夫，舍我其谁？置之死地，而后为天下先！也正是这种大勇、大破、又大立的精神使安踏总能化危机为转机，聚势能为新的动能，往往在行业中辟出一条新的阳关大道来。

1994年，丁世忠便决定创立“安踏”品牌。安踏的鞋子价廉物美，性价比高，在销售商圈子里很有口碑，但是怎么让更多的人知道它、了解它？丁世忠动了脑筋，也下了决心。2000年，安踏借助悉尼奥运会的良机开展了奥运营销，几乎投入了全年的利润在中央电视台做品牌形象广告。当时在很多人看来是“豪赌”的投入，却让安踏赢了，借助奥运冠军的知名度让“我选择，我喜欢”的品牌广告语家喻户晓，此后销售额一路飙升，连年翻番。2007年，公司在香港成功上市。

2010年前后，因北京奥运会带来了全国体育市场的资本热潮，各个品牌争先恐后、无理性地投入。据说那时生产的运动鞋，全中国市场卖十年都够。很快，泡沫破裂，哀鸿遍野，安踏也深受重创，产品积压严重。这个时候该怎么走，是蛰伏原地等待冬天过去，还是勇敢探索、另辟蹊径主动脱困？

安踏的基因里没有“退缩”，也决不会甘于平庸，面对困局，安踏人再一次勇猛破击，以破釜沉舟的气概，在全国体育用品行业率先进行批发转零售的转型。也就是，别人卖不动了，我亲自来卖，直接面对大众客户。丁世忠提出“只有一个乙方”。但是，这涉及整个渠道的下沉，门店体系、营销体系、管理体系全面地规划、搭建、运营等一系列烦琐和开创性的事务，看起来困难重重。不过，在安踏这里，没有什么蹚不过去的河。他们靠着铁一样的执行力和坚卓的意志，用一年时间，基本将这件事做完。到了2014年，安踏率先走出困境，开始盈利，紧接着2015年销售额冲过百亿元大关，成了无可争议的行业龙头。有许多其他的品牌也纷纷效仿安踏向零售转型，但是，安踏的早一步行动已奠定了在市场上不易撼动的格局，并且直到现在，安踏的零售终端仍是行业里做得最好和最彻底的。

说到安踏的执行力，就不能不提安踏的“铁军文化”。丁世忠认为，“没有执行力，再好的决策也白搭”，因此，他在管理中特别强调“令必行，行必果，战必胜”的执行文化，只要工作一旦形成决议，那就不管多大的困难也要上，而且公司上下所有人必须坚决、充分、迅速地执行。这种意识在安踏从高层到基层，再到各个部门、各条线的任何一个员工，都出奇地统一、一致，并且自觉奉行，实在令人惊异。

“其身正，不令而行，其身不正，虽令不从”，安踏这种铁军精神之所以能够贯彻始终，说到底，还是和丁世忠及安踏所有高管们身先士卒的表率作用紧密相关。

丁世忠和安踏集团的高管团队一直坚持亲自下到门店考察，坚持亲自了解市场和消费者。安踏将这种密集的走市场叫作“拉练”。每一年，他和集团高管们基本都要走上大半个中国。每次公司从外部招来了高管，他都要亲自带着去巡店，通过言传身教传达这种冲锋陷阵的文化。以他为首的公司管理层身先士卒，做榜样。管理层每天行程排得特别满，但好像什么事都不耽误。昨天还刚刚在美国开会，今天一早就到办公室了，从来也不倒时差。

安踏集团董事局副主席丁世家，也是丁世忠的哥哥，在晋江基地工作二十多年如一日，每天早上 7 点 45 分前一定到公司，每天的上午和下午分别要走一趟车间，让员工看到他，也帮助员工现场解决问题。“微信运动”的记录上，一般员工每天走几千步，而他每天都得走 2 万步以上。

其他的安踏高管们也同样如此，要求员工做什么，自己首先要做在前面。此外，如副总裁李玲所说，“安踏公司的人都是超级爱拼的人，有超强的执行力”，为了完成工作任务，有一种“不达目的誓不罢休，赴汤蹈火百折不挠的”的狠劲。有一个比较典型的事例，2005 年，安踏刚成为 CBA 合作伙伴之初，负责该项目的体育市场中心总监杨春连夜坐火车赶往俱乐部，为保证精密仪器的正常使用，杨春一行 6 人乘坐火车，用了 18 天时间跑了 11 个俱乐部，用手工工具和仪器测量以及人工量体，收集了当时 300 多位 CBA 球员的脚型和身型数据，这也成为安踏科学实验室的最初的一批原始数据库。可想而知，有这样“拼命三郎”的劲头，肯下到这样的功夫，无论是个人还是企业，想不成功都难！

2018 年 12 月 7 日，安踏正式宣布组成财团收购 Amer Sports(亚玛芬体育)，董事局主席丁世忠的一封写给全体员工的信“一次分量最重的决定”也在朋友圈热转刷屏，丁总在信中回忆了创业历程。“公司的每次重大决定，都是要把看似不可能的事情变成现实。而我每次都在思考：安踏是谁，从哪里来，我们要到哪里去，我们的使命和价值是什么。”“回望安踏成长的每一步历程，所有成绩的取得，依靠的是在一次次变革、颠覆、突破中打造出来的具有超高战斗力、超强执行力的安踏铁军队伍，有这样一个懂生意、高标准、敢创新、重协同的团队，我们有信心面对未来的任何挑战！”

敢于变革的勇气，加上不折不扣的执行力，一起铸就了安踏的“铁军精神”。有勇，故而能开创、能突破、能变前人所未变，能领天下之先，因此安踏总能跻身行业前沿，做“破局”之大事业，争得发展先机；有执行力，故而能贯彻、能落地、能以终为始，能持之以恒，因此安踏凡事图必有成、举必有功，很少半途而废的。这样的安踏，既扎实，又勇猛，既昂扬，又厚重，在市场上向前推进的时候，就会形成无可抵挡的力量。

义篇

义在利先，扶持友商共同发展

义利之辨是中国古代文化尤其是儒家思想的核心命题之一。商业思想也深受此影响，讲究“以义制利”和“以义为利，不以利为利”等，与此同时，中国传统的商人大都有浓厚的“兼济”情怀，不唯独善其身，也要兼济天下，不唯能自立，也要能立人，有积极的用世精神和社会责任担当。安踏正是这样一家合乎“义”的标准的企业。

说起安踏之“义”，最为人津津乐道的，是安踏的一次“回购事件”。

如前所述，2012 年前后，中国整个体育行业发生了一次严重的“过剩”危机，大量产品积压着卖不出去，很多销售商被负债压垮，行业中一度出现了关店潮。当时安踏的许多零售商也面临这种风险，丁世忠思前想后，做出了一个特别的决定：从终端手里把积压的存货买回来！他说：“本来我的东西卖给你（分销商），我拿钱就好。但你卖不出货，没有流动资金你可能就要垮了，所以我们要帮你把这个货卖出去。”

为了帮分销商把积压的库存卖出去，除了回收之外，安踏还实施了“快反”和“截留”政策。安踏在原有每年四次订货会的基础上，再加上“快反”窗口。本着以消费者为导向的原则，除了要准确洞察消费者需求外，还需要及时快速交付消费者需要的产品。整个“快反”的过程，从消费者需求搜集、商品开发、组织生产，物流配送全流程打通，最快只需要 70 天左右。而传统期货的一个周期，通常是从企划到产品，需要一年半时间，从产品再到市场，又需要半年。

再说“截留”。安踏会实时监测各门店的订单数据和每个品类的市场销售情况。如果发现或者预计到某个门店的某类货品会滞销或积压，即主动截留其订单，以避免分销商更多的损失。这些政策的实施，使安踏的分销商完全没有了后顾之忧，保证了健康地经营和发展，也保障了安踏销售渠道和终端网络的畅通，而且使安踏和分销商之间形成了非常信赖的伙伴关系，成为一种很强的共生生态。这之后，安踏成为行业中第一个走出危机的企业，也就不足为怪了。

除了分销商外，安踏对于其他的供应商，也是尽心尽力地帮助扶持。本来，对于供应商，你的产品好我买，不好我换一家就可以了。但是，丁世忠不这么想，他有一个理念，仅自己强不算强，要让跟安踏做生意的人都强了才有意义。

安踏集团鞋供应链为了实现构建柔性敏捷的供应链平台，以四大工程为主要抓手，其中，“大师工程”就是为了内外部赋能。以此建立了技能大师工作室，通过对内部人员进行严格的选拔，这些人必须是公司内各专业技术领域的精英，甚至是行业里的翘楚，打造成一支强力的专业团队，对内分享并传承技能、萃取优秀经验、以带导徒弟和培养梯队为己任；对外，定期对供应商伙伴进行技术和管理赋能，让供应商伙伴能够感受并获得来自安踏集团的帮助，一起成长。有许多供应商之所以一直跟着安踏，就是因为做生意的同时还能得到多方面的提升。很多起初并不优质的供应商在安踏的扶持和培养下也成了行业内的标杆，甚至世界级的供应商。

业界都说，安踏的整个供应链体系做得很强势，但这“强势”的背后，是安踏对于伙伴和友商的真诚投入和实实在在地付出，没有这些基于大义大爱的美好精神底色，仅靠邯郸学步是学不来的。

说到“大义”，还不能不提到的就是安踏所做的社会公益。安踏是家很有社会责任感的企业，国内历次大的地震或其他自然灾害，安踏基本上都站出来捐款捐物，但是安踏在这方面又确实很低调，并没做多少刻意的宣传。不过，该做的安踏一直在做着。

2017 年，安踏和中国青少年发展基金会、上海真爱梦想公益基金会联合开展了一次面向全国 117 个贫困县 325 所欠发达地区的中小学校体育现状调研。数据显示，体育课中，仅有

5.7% 的学生穿整套运动服，11.9% 的学生穿运动鞋。在欠发达地区的中小学学校里，体育装备缺乏、体育设施差、体育老师不足、体育课程枯燥情况明显。

2017 年 7 月 10 日，安踏上市十周年庆典上，安踏与两家基金会共同启动了“茁壮成长公益计划”，设立专项基金，拟持续投入 5 亿元资金，通过建造安踏梦想中心（多媒体网络教室）、打造安踏运动梦想课程和“乐动汇”（专业体育课程和师资培训）、提供梦想装备（运动装备）三个方面硬件、软件同步上阵，帮助改善欠发达地区超过 1000 万名青少年的体育装备贫乏状况和身心素养。一年半的时间，已经在 10 个省建成了 32 家安踏梦想中心，安踏运动梦想课程的成功研发，将伴随着一线体育教师培训逐步进入梦想中心学校，甚至进入其他中小学。2018 年，安踏启动了“爱不止步 · 点亮未来”公益长征行活动，将长征精神和奥运文化结合，沿着长征沿线 9 个省市，将“乐动汇”和“安踏运动梦想课程”带入校园。2017 年 7 月至 2018 年年底，安踏集团向全国 24 个省欠发达地区超过 11 万名中小学生捐赠了超过 5700 万元安踏体育装备。

商业是一件利益社会的事，这在现代社会已经是共识，但有意思的是，东

西方文化看待此事的视角却不一样。西方古典的经济学认为是因为市场这只“看不见的手”的调节，商人在自利的同时，能够同时更有效地促进社会的利益，是一种无主观参与的“无目的的合目的性”。而在东方文化里，“智者利仁”“先义后利”“取之于民、用之于民”等却是一种道德选择。基于这两种不同的观念，从而产生两种不同的管理体系，一种基于契约，一种基于道德，且不论哪一种更有效，但显然，安踏“义以为质”的中国文化式管理实践得非常成功。因为待人以义，立人达人，故而能得人心，得人和，和利益相关者形成某种心理上的共同体，极大降低信任成本、管理成本和运营成本，使一点一线的强势变为整体的强势，莫之能御，正如梁启超所说“善能利己者，必先利其群，而后己之利亦从进焉”，这难道不是更高境界的管理之道吗？

诚篇

顾客导向，良心产品精益求精

中国人做事，自古讲究“以诚为本”。所谓的“诚”，也绝不只是诚信这么简单，它代表着诚意，代表着真诚，代表着敬畏，代表着尽心尽力，代表着事物应然的一种状态，所谓“天理之本然，人事之当然”。中国古代的商人，也多将“诚”视之为最高价值标准和行为标准，如胡庆馀堂之“戒欺”，同仁堂之“炮制虽繁必不敢省人工，品味虽贵必不敢减物力”。也正是因为持诚，这些企业才能透过历史的风霜，存续数百年之久。

最能体现安踏之“诚”的，便是“以消费者为导向”，安踏核心价值观的第一条。

什么是“以消费者为导向”？对于安踏这家制造企业来讲，就是认认真真把产品做好，对得起消费者的钱。安踏做到了。

安踏的运动鞋在业内一向被誉为是“良心产品”，以高质量和超高的性价比为特色，定位就是大家都能买得起，而且是买得起的里面最好的品牌。所以，安踏的鞋子在制作生产时，会参考国际的标准来不断提升品质。安踏就是要为消费者提供对的产品，让

消费者从“买得起”转变为“想要买”。

说起来丁世忠对于鞋子是有一种特殊的情怀，早年创业的时候，会拿着一双鞋整天琢磨，晚上睡觉也要搂在怀里——这不是演义，而是真真切切的事。因此，对于设计生产鞋，他似乎也有一种完美主义。每一个产品出来，都要经过无数次的测量、试验、试穿等工序。国家二级运动员，现安踏足球推广经理李欣辉对此深有体会。因为他的脚正好和安踏一款足球鞋的代言人郑智的脚型、大小相仿，因此每次准备提供给郑智的鞋都会先由他来试穿，他再将他的感受、改进意见反馈给产品部门，然后产品部门很快就会将一双改进后的鞋再给到他试穿，这个过程会持续很多遍，直到他完全满意了，才会下到生产线。李欣辉也体验、测评过许多其他品牌的足球鞋，在他看来，安踏的足球鞋，的确是性价比很高的良心产品。

除了鞋之外，安踏的运动服生产同样是精益求精，设计制作充满了匠心精神。闫晗是服装商品管理中心的女子运动设计师，她和她的同伴们从设计的源头开始，每一个工序都非常严谨细致，每一个款式都要改图很多遍。将图交给工艺师后，细到每一个拉头、每一个口袋的位置，她们都会反复试穿，一次一次调整，等工厂出了样品之后，还要给她们许多不同面料的试样来试穿，设计师自己完全满意，符合预期了，才会生产出来卖给顾客。但是，这并不是一个产品的周期就完结了，安踏的质量管理中心还会跟踪每一款产品的售后管理，定期做一些秘密的产品体验调查或顾客回访调查，了解投放市场的产品的真实情况、顾客满意度及改进空间，然后再反馈给产品研发部门。

就是在这种周而复始的迭代、进化中，安踏的服装系列产品起步虽然不早但进步却很快。在闫晗的感觉中，她经手的每一季的产品都比上一次好，不管是从结果、定量还是整体效果，每一次都会有升级。目前安踏集团在研发设计领域在全球设有五大研发设计中心，包括美国、日本、韩国、中国香港和中国大陆，共有专业人员将近1200人，包括近百名来自12个不同国家和地区的科研专家。因此，前几年安踏的服装和同行业其他品牌相比同质化还很严重，但这几年已经完完全全超越他们了。

另外，说到以消费者为导向，有一件似乎不太相关的“小事”却不能不提。商品运营经理，安踏足球社团负责人刘宇讲了一个小故事。有一年他负责南京市场，某天去夫子庙的一家店巡店，正好遇到一档子事。当时国庆节期间，顾客众多，有小偷乘虚而入偷顾客钱包，安踏员工发现后，不顾危险勇敢制止，虽然小偷当时悻悻而去，但当晚就来店里威胁恐吓。

这件事可能与“以消费者为导向”的本意略有差异，但至少证明了安踏人的正气，说明了安踏人在潜意识里将维护顾客的利益放在首位，值得一书。

《中庸》里说：“唯天下之至诚为能尽其性，能尽其性，则能尽人之性。能尽人之性则能尽物之性。”用这句话来说明安踏人和安踏的产品，在此处再合适不过。因为发心于诚，因而能真诚不欺，能以真心实意、真材实料，下真功夫去研究生产产品，去无止境地提升服务和体验，满足消费者的需求。反过来说，也正是因为真心诚意，在产品和服务上自我驱策、精益求精，安踏才能不断赢得客户、赢得信赖，获得利润和品牌的持续增长。

运动

生机活泼，体育精神超越自我

安踏作为一家体育企业，有个显著的特色就是崇尚运动。“将超越自我的体育精神融入每个人的生活”是安踏给自己定义的使命，所以他们先让这种精神融入自己员工的工作和生活。

在安踏，从管理层到员工似乎都对运动和健身抱有热衷，公司在总部六楼设置了很大面积的海景健身房，各种器材、设施一应俱全。员工经常可以看到丁世忠在这里跑步。公司为员工安排了各种健身项目的专业教练，从周一到周五几乎不停，每天上班之前或者下班之后，你都能看到员工们在这里挥汗如雨。

此外，安踏还有大大小小的社团几十个，基本上都与体育项目和户外运动相关。80%的干部员工都在各种社团里活跃，各类比赛或活动可以说非常频繁，在这里，你想不热爱运动都难。尊巴社团负责人电商中心的刘爽说：“本来电商这个岗位是没有多少时间运动的，但是公司的这种氛围，它会告诉我，你该去运动了，身边的人也会带动你去运动，然后潜移默化你就会喜欢一些运动。”

安踏员工健身房

不过，喜欢运动，这只是表层的体验，通过运动激发活力，激发超越自我的斗志，这才是安踏强调运动的重点。闫晗当初入职的时候，对这一点并不理解。她本来是上体育课能请假就请假的人，从来没觉得运动有什么乐趣。但是，她说："后来发现，这种激励精神是无处不在的。当你真正全身心投入的时候，在运动过程中，享受这种坚持的感觉，每天看到不一样的自己，你可能就把超越自我的精神带进去了，然后再发自内心地融入生活、工作中。"

丁世忠经常说一句话：一个人可以跑得很快，一群人可以跑得更远。和别人眼中的鸡汤语录不一样，安踏人对这句话是有深刻和实在的感悟的。

2015 年，安踏组织员工参加厦门的 50 千米环岛徒步赛。安踏有 48 人报名，因为是第一次参加这么长距离的徒步，安踏本来没期望自己的员工都能走完全程的，但是没想到 48 人无一人掉队，并且有几位同事还拿到了很好的名次。不过，这其中最让人印象深刻、最让安踏欣慰的却是几位同事陪着受伤的伙伴走完全程的故事。受伤的这位伙伴正是足球社团负责人刘宇，当时他膝盖刚受了伤，走了一半儿就实在走不下去了，几位同事见状，就慢下来跟着他一起走，一路上不断给他鼓励，陪着他从当天下午 4 点一直走到第二天早上 7 点，整整用了 15 个小时，但是，没有掉队！

这就是铁军精神，铁军精神不仅是敢于迎难而上、勇往直前，更是在面对绝境时候的坚韧不拔和决不后退，它既是一种英雄主义，更是一种团队精神！

同样的事还有，今年的厦门国际马拉松赛上，有一位同事也是带伤参赛，跑到 20 千米的时候，实在跑不动了，就开始走着完成比赛，几位同事看到后也放慢速度，陪着他一起在雨中走完剩下的 20 多千米，在比赛结束前冲过了终点。这，就是团队的力量。

安踏的体育社团，在厦门、在周围地区也是出了名的，倒不是因为技术多好，规模多大，主要是因为敢拼！有一次足球社团和厦门的一个国际队比赛，对方清一色老外，竞技水平要明显高过安踏队，比赛开始后不久，安踏就比分落后。但是，没有一个人气馁，所有人都抱着决不放弃的念头拼命往最好的状态踢，结果比分还真就被一分一分拉近，虽然最终还是输了，但队员们和赢了一样有成就感，也赢得了对手的尊重。

其实这样的事情不胜枚举，安踏体育社团每年都有很多比赛，经常遇到实力差距巨大的超强对手，但是，安踏的队员们没有一次主动放弃或者临阵退缩的，都是全力拼搏，鏖战到最后一刻。

现代奥林匹克之父顾拜旦曾说："运动即生活之美。"在安踏，这句话也可以说"运动是工作之美"，安踏人将生机活泼、生生不息和百折不挠、自强刚健的运动精神融入工作之中，成为一种生命状态的理想追求和人格精神的价值追求，这也许正是安踏源源不竭的力量所在。

余论

2018 年，安踏上市十周年之后，公司提出了"创业新十年"的新征程。集团组织了非常具有意义的高管训练营。在当年 5 月组织了 60 多名高管去美国哈佛大学进行了领导力的专项培训，还对标参观学习了全球知名的企业创新实践，这次学习是安踏领导力升华之旅、是对标国际化的学习之旅，也是为安踏集团未来的发展所做

新征程

的“高标准对标”之旅；6月，集团近70名高管又一同穿越戈壁滩无人区的“玄奘之旅”。四天三夜近130千米的徒步穿越，所有的高管们都走完了全程，同安踏人一贯的风格一样，不达目的不罢休。这是安踏回归初心的一次独特的心灵朝拜，也是在新的征程上，对一个更广阔的未来发起挑战的宣告。

安踏从偏居一隅，到今天走向世界，同国际大牌同场竞技；从代工到创立自己的品牌再到不断收购国外高端品牌形成丰富的品牌序列；从年利润几十万元到市值过千亿元，这28年中，每一步都走得扎扎实实，同时，每一步也都走得惊心动魄。无数当年同时起家的企业早已烟消云散，许多昔日光芒万丈的行业大佬已经黯然消退，但安踏一直风头正盛。市场的风浪对于所有的弄潮儿都是公平的，那么，为什么是安踏赢?

仔细梳理安踏的历史，是“选择”。安踏在每一个转折阶段都做了对的选择。这些选择固然是眼界、高度、精明等能力所致，但又何尝不是一种厚道、仁义、真诚的美好人性选择，又何尝不是一种基于中国传统文化、传统道德伦理的价值观胜利?

过去有人曾怀疑中国传统文化和现代商业管理的适应性问题，因为中国文化的一些特质，如义利不分明、责权不明晰，讲人情不讲契约，重道德不重方法，讲和谐不讲效率等和现代管理的标准相差甚远。事实上，这是一种误解，中国的优秀文化有巨大的普适性和包容性，道的本体内核和作为术的应用层面的管理工具，并不冲突，而且，中国文化重于人生实际应用，在动机和效果上往往能达成一致，也就是说，一个按道德伦理生活的人，往往能成为人生赢家，一个按道德伦理经营的企业，也往往能成为事业的赢家。安踏就是明证，许多如安踏一样崛起的中国本土企业，也是明证。

不远的将来，携AI、5G等新科技威势而来的变革时代也许将彻底摧毁目前主流的工业时代框架的管理模式和管理文化，雇佣关系、组织模式、发展方式等的颠覆性变革将彻底解脱人的依附，使人真正成为价值的源头和核心，届时充满着人文色彩和美好伦理价值的中国文化必将在管理中焕发新的光彩。

因此，丁世忠说“我们要做世界的安踏”，通过对这家企业全方位的了解，我们相信安踏一定做得到！

Enterprises

6 企业

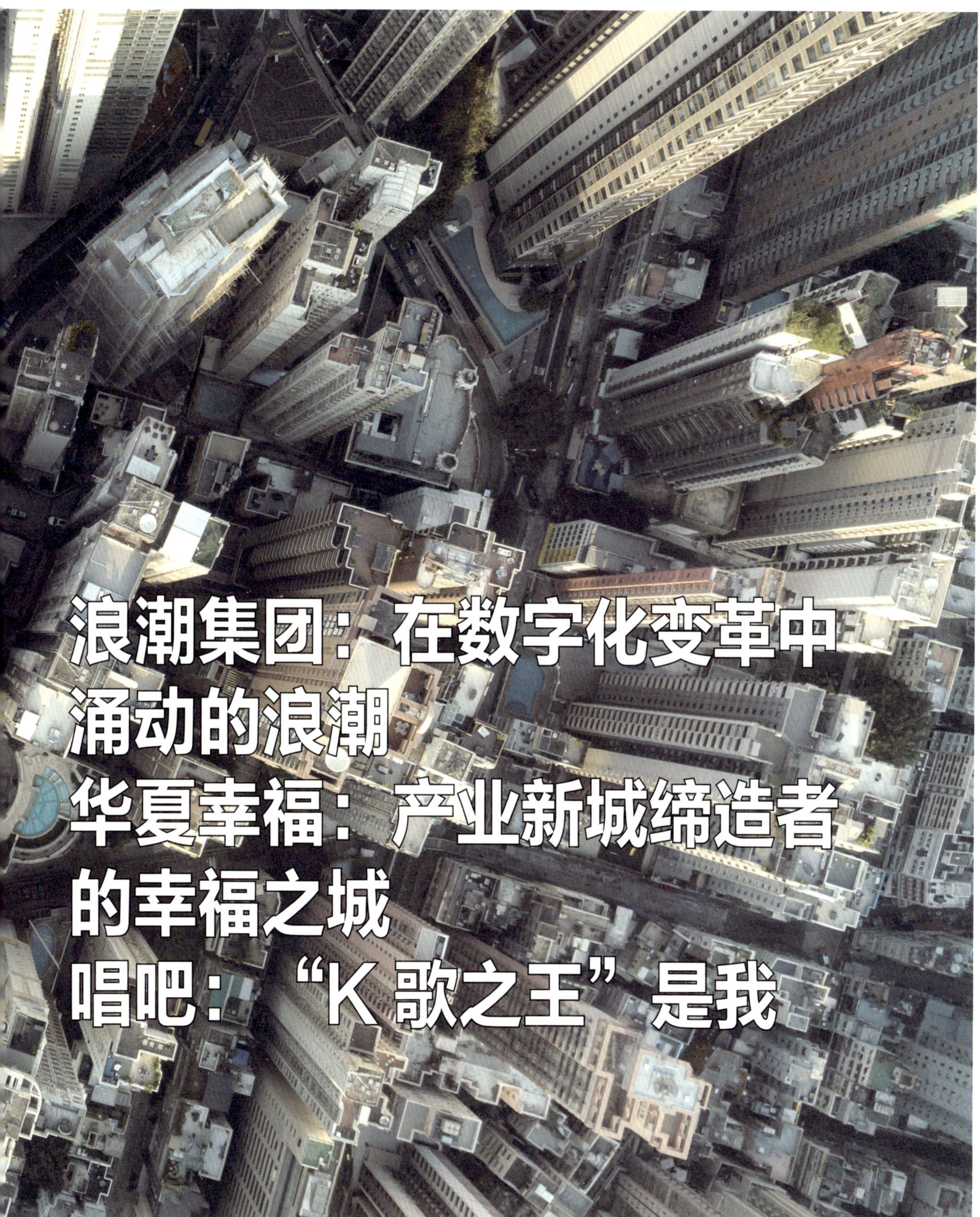

浪潮集团：在数字化变革中涌动的浪潮
华夏幸福：产业新城缔造者的幸福之城
唱吧："K 歌之王"是我

杨渊 | 本刊记者
李晗 | 本刊记者

浪潮集团：在数字化变革中涌动的浪潮

——浪潮集团副总裁、人力资源部总经理刘伟华先生采访

杨渊 | 本刊记者

作为中国 IT 行业的头部企业之一，浪潮集团是比较特殊的一家。一个是，它是从半个多世纪的历史中走过来的企业，有着厚重的历史底蕴和深厚的家国情怀；一个是，它正处于当今时代最为风起云涌、竞争激烈的 IT 领域，"云 + 数"新型互联网企业的定位与前者相互交织、融合，形成了独具浪潮特色的管理模式、企业文化。浪潮的历史底蕴、家国情怀，加上浪潮人奋发有为的使命感和不断追求创新的精神，为我们国家的信息技术领域突破了一个又一个的空白，铸就了浪潮的辉煌，也造就了浪潮世界级的实力和影响力。

但是，居安思危、未雨绸缪是任何一个有世界眼光和战略格局的企业的基本素养，面对新技术、新理念对传统企业管理模式的冲击和未来的大趋势，浪潮也在谋篇布局，从企业动能转换的高度进行管理的变革转型，其中重要的一项就是由浪潮集团 CHO 刘伟华主导的人力资源管理变革。

刘伟华是一位典型的"多面手"，1998 年入职浪潮后，从集团下属产业公司的销售做起，先后经历了销售、运营、战略、人力资源等多个岗位和职位。2016 年，浪潮集团筹划面向未来的"云战略 3.0"，集团上下形成一种共识：所有的战略规划都要由人来落地，所有的事情最后都是人力资源的事情，将人力资源管理提升到一个前所未有的高度。有着丰富多元背景，既通战略，又懂人力资源，还熟悉业务的刘伟华便被任命为集团人力资源部总经理，主导和推动此次浪潮集团的人力资源管理大转型。

以业务为驱动，一切为了业务！三支柱与六步法

同许多大型国企一样，浪潮的人力资源管理最早也是从"人事"的传统沿革过来的，2005 年前后按照六大模块的体系进行了第一次大的变革，稳定运行了十多年。但是，从 2013 年开始，由于互联网在各产业板块和管理中的深化，快速、多变、不确定成为管理新常态，再加上浪潮的国际化布局和高速发展、扩张，传统以职能为核心的人力资源体系已经明显不能满足需求，因此，转型变革，就成为浪潮人力资源管理的迫切任务。

可是，怎么转，怎么变？这是个问题。

基于对人力资源承接战略和支持业务功能的深刻理解，刘伟华确定了"以业务为驱动，一切为了业务"的转型变革基本定位和思路，在此基础上，再通过搭建三支柱体系，将人力资源的管理触手延伸到每一个业务单元，有效推动业务的发展。

但是，尽管都在讲人力资源要懂业务，在实际中做到却并不容易，业务的丰富性、复杂性、实践性，并非一个 HR 短时间能够轻易参透，有些企业要求 HR 到业务部门轮岗熟悉业务，但也只不过是浅尝辄止，有些企业让精通业务的人来做 HR，似乎又有点榫不对卯，业务和人力资源管理的有效融合，可以说，一直就是个难缠的问题。

关于这个问题，刘伟华有他的独特认识："实际上业务部门可能并不关心人力资源给他做了一些干部盘点或者专业模型，他实际上就关心你帮他如何去打造一个高绩效的组织，怎样给他做好激励考核，怎样给他提供匹配的人才，怎样给他搭建高效的文化。

组织、人才、激励、文化，这四个层面才是业务单位关心的。”

有了抓手，做起来就不会漫无章法。为了从以上几个方面扎扎实实发挥出人力资源对业务部门的支持作用，刘伟华设计了一套完整全面、涵盖全周期的“人力资源业务转化”方案和措施。

首先是转换业务语言，用刘伟华的话讲，叫“用业务的语言说话”。这可能也是他攻破HR和业务之间壁垒的“抽心一刀”，因为语言代表着思维和意识，而思维和意识又最终转化为行动。HR和业务之间之所以通常隔如水火，就是因为两者使用的是不同的话语体系，现实中难免“鸡同鸭讲”。

现在，刘伟华把一些原来人力资源部的专业事项，均转化为业务的语言，如战略、目标、绩效、盈利、管控等，然后再从这些视角，梳理出业务部门对于组织、人才、激励、文化的需求，最后将其转化为招聘、薪酬、考核、培训等人力资源的解决方案。

当然，这种转换并非张冠李戴或者随意嫁接，而是有着严格的逻辑理路。刘伟华为此设计了一个“人力资源业务规划六步法”，让人力资源从一开始就介入整体的战略中去，全面参与战略的制定，通过理解战略、分析需求、分析差距、确定关注点和目标、提供方案、分解计划和指标六个具体入微的步骤，将人力资源工作一步一步，化有形为无物地嵌入整个战略的实施，嵌入业务的语言、思路，以及执行和落地中去。

同时，为了实现“无缝融合”，业务部门也要参与到人力资源的工作中来。比如业务领导对于激励考核提出要求，那他就需要组织各个业务单元参与整体方案的制订，通过会议、资料分析、方案设计等深度介入方案的规划中来，然后再按照六步法或者其他模板，把业务问题转化为人力资源课题和方案。这样的好处显而易见，刘伟华说：“这三年来一直按照这个方法去做。刚开始大家感觉特别复杂，但几年走下来，基本上能通过这套流程和模板把业务战略背后对应的人力资源该做的事情理清楚了，实际上也统一了语言。”

不过，统一语言，融合进业务战

略，只是纲举目张的第一步，为了能够切实贯彻执行，刘伟华还在以业务为核心的三支柱体系搭建上下足了功夫。

不同于一般大型企业三支柱变革多数自下而上渐进演变的方式，刘伟华采取了他称为“休克疗法”的顶层设计、自上而下釜底抽薪式变革——先设立“规划中心”从原有的人力资源体系中切割出来，然后再搭建集团的 SSC（共享中心），通过合并同类型人员和统一事务性环节操作流程，解放出大批的 HR 人力。然后搭建 COE（人力资源专家中心）和 HRBP（人力资源业务合作伙伴）队伍，去从事战略以及业务伙伴的工作。

而无论是 COE 还是 HRBP，刘伟华对他们的要求仍然只有一个——服务业务！用他的话说：“如果是 HRBP，你就围绕业务去考虑你怎么支撑业务；如果是 COE，你就得结合着业务的痛点，提出相关课题。提出课题还不行，还得提出解决方案，提出解决方案还不行，还得把方案推动落地，落了地不行，还得评估质量，然后再进一步去改进！”

为了保障服务业务的效果，刘伟华还改革了 HRBP 和 COE 的薪酬绩效制度，使之同业务部门的评估直接挂钩。如对于 HRBP，人力资源部只给基薪，奖金和考评则由其服务的业务部门来发放，想多拿奖金，就必须真正投入地为业务部门服务，并且还须有实效；而对于 COE，其绩效的评估标准也不是取得了多少课题，而是通过这些课题，给业务部门解决了多少痛点。

通过以上这些从灵魂（转换业务语言）到骨架（三支柱体系）的改革，浪潮集团的人力资源管理可以说已经脱胎换骨，人均效益逐年提高，对业务的支持力度明显增强。HR 从以前的 80% 从事事务性工作，20% 从事业务和战略工作，到如今的基本五五比例，且事务性工作的层级和性质也大为提升。刘伟华当初设计的“一个中心（业务驱动型 HR），二个提升（效率、效能），三个支柱（COE、SSC、HRBP），四个落地基石（组织、服务与交付、流程与 IT、能力）”的整体变革框架已基本实现。不过，仅是业务驱动，还不是最终目标，最终的目标是建成面向未来的数字化平台生态型人力资源管理体系。

数字化，打通数据墙，建设平台与生态

互联网技术发展到今天，除了打破物理上空间与时间的限制外，可能最重要意义，就是产生了海量的数据，并使之能够成为一种全新的生产力。这种生产力无论是对于生产、经营还是管理，都有巨大的价值，它可以是

倍增利器，也能够变废为宝。作为中国前沿 IT 企业资深老兵的刘伟华，自然明白其对于人力资源管理的价值，因此，在设计浪潮集团的人力资源转型变革时，就做了“以业务为驱动的、数字化的平台生态型人力资源体系”的总体定位。

数字化、平台、生态，这都是时下的热词，代表一种技术发展的趋势，也代表一种全新的理念和模式，受到社会上的热追，尤其在人力资源领域，大数据、数字化、AI、平台化、生态化等概念热火朝天，似乎一觉醒来，人力资源就已经到今是昨非的崭新时代了。但刘伟华对此有着理性和清晰的认识，在他看来，所谓的数字化人力资源实际上分三个阶段：第一个阶段是信息化阶段，特点是有了信息化的工具，但都是孤立的；第二个阶段是平台化阶段，特点是企业内部的信息化系统打通，集成为一个整体的数字化管理平台；第三个阶段是智能化阶段，是通过对大数据的整合、发挥、管理，充分发掘数据价值，实现精准决策、预警和评估的数字化运营阶段。

得益于雄厚的数据基础和先进的云技术，再加上浪潮对“数字化企业”建设的重视，浪潮人力资源管理的数字化程度，可以说基本达到了第二个即平台化的阶段。浪潮目前正在尝试的，就是把各业务单元的数据打通，探索基于综合数据的智能化管理和运营。做到将人力和财务的数据打通融合好处是非常明显的，数据打通糅合之后，人均收入、人均毛利率，薪酬毛利率、万元薪酬产出等这些财务数据，就直接转化为人力资源的数据，结合人力资源传统的人力资本结构比、人均产值、人均效能等数据，能够直观看到人力资源各个管理维度、各个业务单元的效能和效率，人均产值和薪酬的规律等情况，从而按人头进行精准决策，可以用更少的人、更低的投入，产生更大的效益。同时，利用这些数据，还建立了许多有效的模型，对人力资源的管理和运营情况进行监控、预判。

数据打通融合的成功尝试和浪潮集团领先的云计算技术支持给了刘伟华很大的信心，他接下来有更为雄心壮志的计划：将 HR 的数据与其他所有链条的数据全部打通上云，在云上建立数据仓库，整合所有的数据形成一个共享的大数据平台，通过云计算和大数据的开发、利用，使浪潮的人力资源管理真正进入智能化的数字时代。

不过对数据的应用只是手段，最核心的目的在于通过数字化来“提高全员的效能”，而提高全员效能，数据应用只是管理工具提升和技能优化的一环，除此之外，还需要平台和生态的配合。

平台可以说是数字化体系的操作系统和支持系统，也是大数据的承载和输出、输入端口。从管理效率来说，相较于传统模式，平台化可以说是质的飞跃，而且其模式也符合浪潮人力资源“智能驱动、数据透明、打破界限、随时随地”的一贯理念，因此在浪潮的数字化人力资源布局中，平台建设是非常重要的一项。除了目前已有的 SSC 共享中心平台外，在建的还有将原来分散的业务和流程集成在一起的 EHR“一体化”平台，以及根据功能模块形成的专家平台、资源平台、赋能平台、方案平台等子平台矩阵，基本上将人力资源几乎所有的功能和职能全部涵盖和打通——毫无疑问，这些平台将成为浪潮未来人力资源数字化、智能化的坚实地基!

除了平台外，构建生态也是浪潮数字化人力资源体系中的重要内容。生态这个词，在别人看来，可能觉得有些虚蹈，或者噱头的成分更大一些，但刘伟华却是在很认真地做这件事，并且已经落实到机制中，有计划、有目标、有步骤地围绕浪潮人力资源打造两个生态圈，一个是由领导、管理者、员工和潜在员工构成的内部生态圈，一个是由服务商、高校、咨询机构构成的外部生态圈。因为，在刘伟华看来，数字化时代的重要特征之一，就是生态，是无界共生与多赢，未来的组织，也一定是生态的组织，在万物互联的扁平世界中，没有谁能够孤身孤长。

另外，说到浪潮的数字化，就不能不提他们的一项重要成就——SSC共享中心。

2016 年，刘伟华着手三支柱变革之后，就开始进行共享中心的建设，当年 9 月正式开通，同时承载 3 万余人，成为山东省最大的共享中心。没多久共享中心就显示出它的巨大作用，以前需要 5 个工作日的新员工入职流程一下缩短为 15 分钟，公积金、社保等办理流程也大为简化，赢得员工一片爆赞。

实际上共享中心建设的初衷，只是为了发挥规模效应，节约成本、提高效率，而且也的确达成了这一点，开通仅半年，就比之前节省开支七八百万元。但是，随着员工满意度飙升带来的工作气氛的变化，刘伟华发现，这个事情的真正意义其实是在于提升员工对公司及工作的体验感，而且这也使他得以洞见数字化的一个重要内核：数字化就是人性化。此后，他更是着意将数字化应用与提升对员工的服务紧密联系起来，把线下的变为线上，把延时的变为即时，把烦琐的变为自动，完全按员工的体验标准来设置各项服务，甚至超出预期。现在，浪潮整个人力资源管理体系，从各项业务流程到各类员工管理、服务，已经全部数字化、云化了，浪潮员工从招聘到离职，其间所有的工作事宜都可以在数字平台上轻松快捷地办理，在极大提升效率的同时，这也为浪潮人力资源管理的另一项重大战略——雇主 3.0，打好了基础。

雇主 3.0，打造全方位、全周期的员工体验

所谓“雇主 3.0”，是浪潮集团在对企业管理发展的趋势充分洞察后，在对自身的发展目标充分清晰坚定后，于 2018 年发布的一项旨在面向全新的数字时代，打造一流雇主品牌的战略。浪潮的高层对于“雇主 3.0”是如此重视，以至于在浪潮内部，被称为浪潮人力资源发展历程的第三个阶段。

“雇主 3.0”只有一个核心，就是“围绕人才的全生命周期打造员工体验”——将员工体验作为产品来打造，并且明确上升至战略层面的，浪潮即便不是第一个，也绝对在开先河之列。不过，这事说起来简单，真正做起来却需要非常地系统和细致。

刘伟华他们设计了“三个转向”和“四个周期”的基本思路，来确保员工体验战略的真正落地。“三个转向”即从胜任转向创造、从招人转向找人、从管控转向服务。

从胜任转向创造，实际上源于刘伟华对于人力资源发展一个重要趋势：“人才驱动战略”的洞察。他说：“原来是战略决定组织，组织决定人才，但现在实际上是愿景决定人才，人才决定战略。”因此他认为，未来人力资源管理的作用，就应该是吸引创造性人才，给予愿景施展的空间，激发人才的创造热情，而不是在胜任力上分金掰两、斤斤计较，否则，最终的结果只能是企业自缚手脚。

从招人转向找人，刘伟华做了一个风趣的比喻，就是从“打猎”转向“养鱼”。也就是说，以前的招聘是哪个岗位缺人了，就到外面去“猎”一个，但是现在“猎人”多了，猎物“少了”，狼多肉少，竞争激烈，必须要转变思路挖鱼塘自己养鱼了。方法是通过“打入”目标校园内部，组建校园俱乐部

或举办高频、丰富的校园活动，如实习挑战赛、青春同路人、Openday（开放日）、校企合作等，先将目标人才“拢”过来，把浪潮的雇主品牌润物细无声地传递给他们。基本上，这些人读大三的时候，就已经和浪潮互相圈定了，然后到毕业招聘时只不过是走个流程。通过这样的方法，刘伟华说，“基本上 1000 个目标人选里，能有 400 个成功入职的”。虽然这个比率已经不低，但是，说明还存在个问题：“你看中了他，怎么样还能让他看中你”，这就是“雇主 3.0”今后要着力的地方。

最后从管控转向服务。服务是员工体验的核心，同时也是浪潮高层早有的共识。在人力资源的工作中，刘伟华也是锚定“服务”，无论是服务业务，还是服务员工，都力图尽力尽责、尽善尽美。仅举两例：一是当初初建共享中心，许多事情没有经验，不知道怎么弄好，但又想竭诚为员工服务好，于是刘伟华就干脆对标银行对 VIP 客户的服务标准和服务流程，使员工体验大为提升；二是最近由于个税改革，许多员工都关心自己的工资到底会发生什么变化，刘伟华主动让薪酬中心给所有的员工一个一个核算，再一个一个发邮件，告知你会少交多少税，下月工资会是多少等，此举大大超出员工的预期，很多员工回邮件称赞公司贴心，而薪酬中心的员工也真切感受到了自己工作的价值。刘伟华说：“这些服务能真真实实给员工带来好处，也给公司带来好处，而且通过这些服务，也能体会到员工对工作的成就感和他们对公司的满意度。”

虽然说，对员工从管控转向服务，在大的背景下，是当前企业在利益最大化目标下和人才博弈的结果，但对于浪潮来说，还不尽如是。作为有着悠久传统的老牌人才企业，浪潮对于人才和员工，还是有着一种发自内心的爱惜和尊重。浪潮集团董事长孙丕恕曾说，“浪潮是把人才当作最宝贵的钻石”，这个观念在浪潮可谓是深入人心，当初集团成立雇主品牌部门的时候，刘伟华和他的同事们觉得雇主这个词有些生冷，容易让员工有距离感，于是斟酌后，改为“员工关怀与沟通中心”，虽是小事，却真实体现了员工感受在浪潮管理者心中的分量。

再说“四个周期”。四个周期实际上是浪潮根据人才的职业发展生涯搭建的全过程人才发展和服务体系。分别为引入期（入职 0~1 年），发展期（入职 2~5 年），成熟期（入职 5~10 年），持续发展期（入职 10 年以上）。在每一个阶段，都有精确的针对该阶段人才特点制定的管理策略和人力资源产品。比如，在引入期，浪潮将人才按“领军人才、核心人才、高端人才、骨干人才、高潜人才、基础人才”六种类别进行划分，按人才的不同层级和需求给予行业地位、事业平台、长期激励等不同的引爆点；到发展期，通过师徒制、加强培训、及时激励等，给予快速成长和提升的机会；到成熟期，则通过灵活的晋升通道、完善的激励措施，以事业和平台吸引人才，同时也更关注员工的生活和家庭幸福；而到了持续发展期以后，则又通过内部创业、干部轮岗等机制，重新

激活老员工的斗志和热情。

总之，浪潮的“雇主 3.0”计划，可以说是全方位、全周期地为人才的培育、发展打好了基石、搭好了云梯、建好了引擎，这是真正的组织赋能和组织牵引。浪潮，通过自己来成就人才，也通过人才来成就更远大的自己。

自 2016 年迄今，根据最新的数据，浪潮全员的人均产能提高了 12%，员工敬业度提升到 84%，员工离职率降低到 12%，此外，全部流程压缩了 73%，而万元薪酬产出则增长了 23%，这些数据足以说明浪潮这两年人力资源转型变革的巨大成就，也足以说明传统企业和传统管理迈向数字化的必然性和必须性。

经过这些年的成功实践，现在，浪潮提出了成为“云＋数”的新型互联网企业的目标，在这一目标指引下，浪潮人力资源进一步提炼出“懂业务、有温度、数字化、平台生态”这四个关键词。在不远的将来，浪潮将成为真正的由数据驱动、由人才驱动的公司。浪潮将轻身上阵、重剑无锋，挟着数字化的赫赫风雷，涌动世界 IT 行业的大潮。

华夏幸福：

产业新城缔造者的幸福之城

——华夏幸福执行总裁袁刚先生访谈

杨渊 | 本刊记者

人类从有文明以来，城市即是文明的象征和结晶。它承载着人们过往的故事、当下的幸福，更承载着生活的梦想和奋斗的希望。造一座城，就是凝固一段历史，就是开创一片未来。作为中国领先的产业新城运营商，华夏幸福就是这样一个城市的缔造者和运营者。袁刚，华夏幸福基业股份有限公司主管人力资源的执行总裁，介绍了华夏幸福以产业新城业务为驱动，擘画人才管理的蓝图。

与城市同台，理想与人生同辉

产业新城作为华夏幸福的核心产品，依托产业新城 PPP（政府和资本合作）模式所打造，具有“产业高度聚集、城市功能完善、生态环境优美”的特征。秉持“产城融合”的理念，在导入、培育产业集群的同时，华夏幸福同步建设并运营居住、商业、教育、医疗、休闲等城市配套，最终实现区域的经济发展、社会和谐、人民幸福，推动城市的高质量、可持续发展。因此，华夏幸福所从事的事业是能够在地图上留下痕迹、在历史上留下故事、在老百姓心中留下念想的一份有情怀、有意义的事业。袁刚解释说：“盖一栋楼在地图上是找不到的，但你建设一座产业新城，地图上一定看得到。城市建好了，会有几十万人生活在这里，它一定会在历史上留下许多故事，如果我们建得好，运营得好，就能在百姓心中留下念想。”

不用什么宏大的叙事，也许仅此一点，就足以让人动容——你是在以创造者的身份参与到历史当中。就像袁刚说的，“你是站在产业新城的起点”“一座城市从最初的蓝图开始，一点一点规划、设计、建造、运营，在你的手里变为现实，变成人们不断繁衍生息的地方”，这本身，足以令任何人心潮澎湃。

宏伟的事业，需要优秀的人才来实现。为吸纳顶尖的行业人才，华夏幸福将“有意义的事业”作为人才吸引的核心价值主张，同时以“与顶尖人才共同成长、城市量级的发展平台、有幸福感的回报”作为支撑承诺，吸引行业内外各路领军人才纷至沓来，几年之间，华夏幸福的高端人才呈几何增长，成为国内甚至世界范围内最优秀产业新城人才的云集之地。

同时，城市级别的事业平台，也为这些人才的发展带来无限的想象空间。不只是因为华夏幸福围绕核心都市圈布局的产业新城战略带来的宽广职业发展前景，同时也因为产业新城这种高度综合性、复杂性、集聚性的“产城融合”的模式和工作面，所带来的丰富、多元的发展通道和机遇，使得每个人都能找到适合自己的最佳位置，找到施展才能的空间。

秉持“与创造价值者分享价值”高激励政策的华夏幸福，也为这些人才提供了行业内领先的优厚待遇。不过，建一座城，筚路蓝缕，毕竟还是需要一种理想主义情怀的，这种理想主义，袁刚说，就是“诚意正心干好产业新城”十个字，既是华夏幸福的基本经营理念，同时也是公司选人用人的基本出发点。

这十个字看似简单直白，实际上分量很重，因为产业新城不像一般的住宅开发，花个两年三年盖好后交给业主就算完成。产业新城建设运营的周期通常会长达二三十年，因此必须从很长远的角度，立足于一个城市的百年未来进行规划，而具体到个人来说，则很可能就是扎根一辈子。因此，

如果没有“诚意正心”的虔诚，没有“干好产业新城”的使命和担当，就很难与华夏幸福风雨同舟。

正是因为华夏幸福人的这种理想情怀，华夏幸福的产业新城才能在各处开花结果。在重资产和重运营的条件下，5年来华夏幸福总资产复合增长率达到50%以上，实现稳健快速发展，创造了行业的奇迹；而与此相应的是，华夏幸福的人才队伍也在这几年中不断升级换代，高端人才比例稳居业内第一梯队，核心管理团队中硕、博士比例超70%，可以说也树立了人才管理的标杆。业务发展与人才建设两者之间，相辅相成、交相辉映。

管理新兵法，“3+3模式”和“人力资源重装旅”

对于华夏幸福这种体量大并且发展极为迅速的企业来说，如何架构人力资源管理体系，是个大问题。国内近些年来，大的企业多流行尤里奇的三支柱模式，但并不乏胶柱鼓瑟的失败案例。作为在人力资源管理实践中摸爬滚打多年的资深“老兵”，袁刚对此有很清醒的认识。他说：“我认为三支柱是一种模式，但它不是一种结果，这种模式并不保证一个企业的人力资源管理走向成功。”

华夏幸福根据自己的实际需求，在总部人力资源的组织设置上实施了独具特色的面向对象“3+3”管理模式。前一个“3”代指三个中心，分别是组织发展中心，负责管理整个组织架构、组织效率及公司的干部管理；人力资源中心，负责员工端对端的人力资源管理及专家人才发展；常青藤发展中心，负责常青藤即校园人才的选用育留系列工作。从工作性质来讲，这三个中心聚焦人力资源战略、政策流程制定及实施监督与辅导的工作。

后一个“3”，则指的是人事服务、行政服务和华夏幸福大学三个共享服务平台，这三个平台把所有具备流程化、可重复的人力与行政工作以共享服务的形式，低成本、高效率、高质量、标准化地完成。

这种“3+3”的管理模式，完全基于实用而设置，既指引战略方向，又将流程性的日常重复性工作统一处理，最大的特点就是目标明确、责任清晰、运作简捷、高效，这样一线HR就可以抽出时间和精力聚焦于业务，更好地理解业务、支持业务，从而发挥出人力资源管理的真正价值。

除了“3+3”外，华夏幸福还有一个比较有特色的创新是“人力资源重装旅”。这个重装旅，是设在华夏幸福内的一个正式组织，按袁刚的说法，可以看成为“特种兵”。因为相对于“3+3”这种固定不变的阵地战模式来说，它是完成特战任务的，主要负责到新业务区域去“抢滩登陆”，迅速建立管理桥头堡。

缘由是2016—2017年，华夏幸福业务扩展得非常快，一两年之内，迅速从华北地区走向了全国，甚至走出国门。业务的快速扩展对组织搭建的速度提出了更高要求。由此，公司从总部抽调各方熟悉公司文化、制度流程、专业全面的精兵强将，组成应急机动小分队，派驻到前线支援。袁刚对此举例说：比如公司决定要在某地设立一个区域事业部，这时候如果等在当地租好办公场地，再等配备好人员班子，再去逐步熟悉业务……战机早延误了。所以适时出动“重装旅”奔赴一线，负责到当地开办公区、招第一批人并开始正常运营。通常三个月到半年左右，新的区域事业部基本能独立正常运营了，“重装旅”就撤出，再到另一个地方去助攻。

这一模式可以说运作得非常成功，完美解决了组织快速发展、扩张时所面临的组织薄弱、能力不足、文化稀释等问题，对于这几年华夏幸福在各地迅速打开局面、占领

固安产业新城实景

市场，可以说是功不可没。

这些年人力资源管理的各种新式理论、方法层出不穷，很多企业都跟风逐浪，跃跃欲试，但华夏幸福有自己的定力，不为乱花迷眼，一切根据自己的实际需求出发，或抱朴守拙，或独辟蹊径，反倒是也做得有声有色。袁刚也这样给自己和同事们做了一个满意的总结："到今天我可以用一句话来说，我们人力资源体系跟业务很好地结合在一起，为公司的业务发展做了非常好的支撑，无论是高速发展，还是我们需要它适度收缩的时候，我们整个组织体系都能够收放自如。"

常青藤计划，永葆企业基业常青

华夏幸福早年在业界是以社会招聘闻名的。一提起华夏幸福，圈内人都知道一是招的人多，二是给的钱多。但实际上，公司近三年已逐渐着手将人才获取的主要手段从以社招为主转向以校招为主，从以外部招聘为主转向以内部培养为主。因为，在袁刚看来，产业新城模式的独特性导致外部招聘始终存在两个问题：一是专业能力不匹配的问题，没有一个外部人才能短时间内完全掌握、理解产业新城模式；二是职业经理人的流动性问题，华夏幸福需要的是能长期与城市共兴旺共发展的人。

同时，对于一个已过了快速成长阶段、追求更高质量发展、有着宏图远猷的企业来说，只有内生力量才是支撑自己持续发展的根本动力。因此，2016 年开始，华夏幸福开始推行一项重要战略：内部人才优先。60% 以上的干部要从内部人才中选拔，而且这个比例还要逐步提高到 80% 以上。

早在 2010 年，作为华夏幸福人才体系重要的组成项目——"常青藤发展计划"便已开始实施，主要面向国内及国际一流院校的优秀应届毕业生，进行系统的规划、吸引、获取、发展、激励及任用，通过实战、系统训练后委以重任。2017 年年初，公司进一步专门设立了"常青藤发展中心"，从战略的高度出发，对全公司的 2000 名常青藤人员进行强化培养和跟踪管理。从与员工在学校接触开始，一直到他入职、成长，到能够独立担当为止，这期间提供全面的帮、扶、

嘉善产业新城实景

教支持。

正是因为这样强有力的体系化管理，华夏幸福这两年在人才获取上完全实现了既定的目标。袁刚说："2015年的时候，我们一看缺人就得招人，2016年我们开始做这件事，到今年，我们新任的干部，60%都是内部提拔。"

而且，这项战略还带来了另一个可喜的成果，就是华夏幸福的干部年轻化水平大幅提升，核心管理层平均年龄38岁，员工平均年龄33岁，华夏幸福成为一家以85后年轻人为中坚力量的朝气蓬勃的年轻化企业。

现在，华夏幸福建立了完善的人才培养体系，除了面向学校招聘的"常青藤计划"外，对于所有员工的发展，公司推行"六级人才库"培养发展机制，通过分类、分层的结构化培养方式，为每位员工制订差异化、有针对性的个人发展计划和培养方案，结合不拘一格的人才任用，有效推动公司"内部优先、常青藤优先"的人才策略落地。为公司未来三年的业务发展提供了坚实广阔的人才储备。

"幸福+"工程，构筑幸福家园

在华夏幸福采访会有一种特别的感受，就是公司上下都有一种特别"亲和"的感觉。袁刚说："这也是公司的一个特点。因为大家都是亲如一家地在一起工作与生活，在建设幸福城市的旗帜下，大家一起努力做共同愿意做的事。"

共同的愿景固然重要，落实到现实中，公司对于员工的尊重和包容、倾听与沟通，可能更为重要。华夏幸福一直是一家尊重和珍视员工的企业，除了在薪酬方面成为"为未来付薪"的少数派外，华夏幸福还以员工的健康为核心，构建起"以人为本、幸福无忧"的员工保障体系。

首先是为全体员工设立"400沟通热线"，解答员工在心理、职业成长、薪酬福利、人力资源制度、财务制度、办公支持等方面的疑问，提供证明开具、医疗报销、公积金支取等办理指引服务，同员工之间建立起无障碍的沟通渠道。

此外，华夏幸福通过十三项"幸福+"系列关怀工程，切实关心员工的衣、食、住、行、医等各个方面。干净卫生的幸福餐厅，使用无农药无污染的“幸福农场”绿色食材，做成全国各地不同菜系的价格低廉的美食，体贴员工的胃；人手一张的洗衣卡，让员工从烦琐的家务中解脱；专门购买的大巴，接送员工上下班；与全国 62 家体检中心合作，为员工提供年度免费体检服务等。

对于女性员工，华夏幸福也是周到细致，公司在办公区专门辟出“萌妈工作室”，为孕期及哺乳期的女员工设置专享的温馨私密空间。

这些福利和保障措施，华夏幸福当然需要增加一大笔开支，却能让员工感受到公司温暖幸福的家庭氛围，体会到公司的人情味和人性关怀。在很大程度上，保证了公司的凝聚力、向心力和战斗力，而且也将这种人情味和关怀传导给了客户和合作伙伴，为华夏幸福创造了良好的内外口碑。

这些年，华夏幸福的人力资源管理不断得到外界的认可，先后获得不同机构评选的各种奖项，如“中国年度最佳雇主”“中国卓越雇主”“创新非凡雇主”等，这已经很能够说明华夏幸福在自己员工和求职者眼中的形象。

不过，光环之下，在袁刚的眼中，华夏幸福始终是一家崇尚实干的企业，甚至实干得有些质朴。然而，质朴不代表没有诗和远方，华夏幸福既营造地上的城，同时也筑造人们心中的梦想和美好生活，锻造一个个可以流传的故事，创造一段段可以骄傲和回味的历史。这也是每一个华夏幸福人真正的“幸福”所在！

CHANGBA

唱吧："K歌之王"是我

李晗 | 本刊记者

唱吧到底有多火？2012年5月，"唱吧"正式上线，上线第5天，就冲到苹果应用商店里的第一位，第10天，圈粉100万人。这还只是单纯靠用户的自发下载与推荐。"唱吧"App的火爆程度几度让服务器"崩溃"，陈华团队将服务器代码重构了好几次，直到一年后才算基本稳定下来。

让我们从陈华的第一个创业项目——"酷讯网"谈起。

2005年，刚从北大硕士毕业的陈华做了一款"爬虫软件"，用来抓取网上零碎的火车票信息，利用这个软件，陈华轻松地买到了车票。口口相传，这款小软件在当年一票难求的春运期间脱颖而出，陈华将之命名为"酷讯"。

2006年年初，"酷讯"旅游搜索引擎正式上线，用火车票信息即时搜索的产品撬开了当时"春运帝国"中火车票信息不对称的大门，迅速在网民中引起轰动，上线仅几个月就引起了各方投资机构的注意，很快拿到了上千万美元的融资。但是好事多磨，几经浮沉，原本立志做成中国最大生活信息搜索引擎网的酷讯，后来两度易主，并悄然淡出了人们的视线。

酷讯网最终归于沉寂，但是，当年参与酷讯网创立的一批"元老"们却在沉寂中开出了花朵，开成了今天各个行业的大咖。比如"今日头条"的张一鸣，"梅花天使"的吴世春，当然还有把KTV从线下搬到线上成立了直到现在依旧极具影响力的"唱吧"、成功二次创业的陈华。

唱吧到底有多火？2012年5月，"唱吧"正式上线，上线第5天，就冲到苹果应用商店里的第一位，第10天，圈粉100万人。这还只是单纯靠用户的自发下载与推荐。"唱吧"App的火爆程度几度让服务器"崩溃"，陈华团队将服务器代码重构了好几次，直到一年后才算基本稳定下来。

免费、新奇、曲库丰富、音质好、拿着手机想唱就唱，就这样，"唱吧"成为2012年一款现象级的App，迅速跃入大众视野，很快集聚了一批线下K歌达人来到"唱吧"，成为唱吧红人，吸粉人气王。

在互联网的光速世界里，每天都有无数的新产品出来，也有无数的创新被"拍死在沙滩"上，前仆后继，我们所看到的成功案例其实不过是其中的凤毛麟角，陈华的"唱吧"能从其中脱颖而出，凭借的又是什么？创意？模式？团队？管理？还是时机……"不管哪种类型的创业，本质上都是在满足别人的需求、帮别人解决问题。"这个需求不是无源之水、无根之木，不是凭空创造出来的，它一定是一直存在的，我们可以发掘出来，用更新的理念和技术将之落地，更好地为众人服务。

比如外卖软件通过互联网平台，满足了人们"饭来张口"的需要；各种美图软件通过滤镜功能满足了人们颜值变高的需求，而唱吧满足了人们对声音进行"美颜"的需求。我们中国人都很喜欢唱歌，这是一种"刚需"，只是之前去KTV唱歌其实是件成本很高的事，需要约朋友，需要提前预订，而且需要花不少的钱——KTV一般都是几十元到几百元一小时不等。我们通过技术手段将这个门槛降到最低，将大众线下的、定时定点的、花费不低的KTV唱歌需求，变成线上的、随时随地的、物美价廉的任意需求，并且用"声音滤镜"的功能美化声线，让每个人都爱上自己的声音，敢于一展歌喉。

"'一键修音'功能还被用户称为声音界的'美图秀秀'。而且手机上唱歌，用的是大家的'碎片时间'，不受时间地点的因素制约。我们的团队认为这是一个非常靠谱的创业方向。"陈华如是侃侃而谈。

实际上，在“唱吧”正式上线之前的一年多里，刚从阿里出来的陈华和伙伴们还在为寻找新的创业方向历尽煎熬。那会儿这群人也没有想到要做线上的K歌平台，更多的还是计划凭借团队过去扎实的技术经验，做一个“移动互联网+电商+搜索引擎”这类的产品。

但是很快，陈华团队又开始重新筛选方向，希望能筛选出有庞大的需求基础（用户的规模足够大）、市场空间足够大、有盈利的可能性、有自我传播能力的产品，几轮调研讨论下来，确定了唱歌这个方向。不到半年时间，“唱吧”横空出世。

我们不得不说，作为创业者，陈华和他的团队具有敏锐的商业嗅觉和决断力。2012年正是中国智能手机爆发式增长的一年，随着智能手机用户的激增，各种手机App也迅速涌现，虽然手机用户们每天都能在应用商店里发现各种新奇的App，但仍然远远无法满足他们对智能手机的探索和使用。

陈华和他的团队无疑是摸到了时代的脉搏，并且准确地把握和解构了需求，利用自身团队的天然优势，在理念和技术上对这一需求进行了升华和创新。何以见得？和“唱吧”同一时期的大多数手机App，都有一个通病，界面粗糙、功能简陋，而“唱吧”一问世就拥有了今天“唱吧”所有的基本功能，唱歌、美化、分享、打榜等，而且从界面到功能都经过了精心打磨。因此它一上线就迅速俘获了众多用户，并且短时期内用户量呈几何倍数增长。

面对这样庞大的一个在线K歌“红海”，谁都希望从中分一杯羹。大量“追随者”先后出现，但唱吧在强大竞争对手面前却始终保持稳定增长。“唱吧”之所以仍能在对手强大攻势面前稳坐钓鱼台，稳住用户量，和“唱吧”的强大技术创新和理念创新密不可分。“唱吧”团队一直把如何改善用户唱歌体验摆在最重要的位置。

对于喜欢K歌的人而言，似乎拿着手机唱歌感觉比较奇怪，而拿着麦克风唱歌才是“标配”。为了让用户完美体验在线唱歌乐趣，“唱吧”建立了一个硬件研发团队，研发设计出了一款麦克风，不仅外观设计新颖漂亮，内部还置了一个修音芯片，自动对歌者的声音进行美化修整，然后再录入手机，让“人人都爱上自己的歌声”。“唱吧”设计的这款麦克风一经推出就备受好评，尽管价格不菲，还是得到了广大唱友的追捧，销量一路上涨，并且这款麦克风还获得了一项国际性荣誉，拿到了素有设计界奥斯卡大奖的“红点至尊”奖。如今这款麦克风已经成为“唱吧”的重要标识之一。

要改善用户的唱歌体验，最核心的还是音响效果，但是音响效果并非一个容易量化的标准，它总是与听者的乐感、品味、偏好等众多因素相关。“唱吧”要做的，就是最大范围地让用户觉得好。因此，他们有很多“黑科技”，比如光唱歌的流程，他们就做了几十个版本，每一版都有微调，或者加一个小功能，或者改一个文案，最终做出指标越来越高、越来越符合用户需求的唱歌流程。再比如花了一年多时间研发出来的“一键修音”黑科技。

"唱吧"的"一键修音"，专门用来解决唱歌跑调、抢调、漏词的问题，这个功能能把用户唱歌时每一个字都识别出来，然后和正确的唱法相匹配，如果发现有跑调、抢调、漏词等问题，它会自动纠正，而且是用用户本人的声音和音调来纠正，这样不仅保证了用户的歌唱特点，还让用户唱的每一首歌都能比预期更完美。创造新的产品或服务、体验，从创意到落地，再形成产业能够产业化，这中间有一些决定性的环节。前面谈了很多"唱吧"的创意理念和"黑科技"，但"唱吧"的成功因素，肯定远不止这些。"其中最关键还是人和团队执行力"，陈华非常笃定。

同一个方向的事，能想到的人很多，但能否将创意变成产品、能不能做好、做好了怎么推出去、能否融到资金，这就考核的是团队的执行力。"唱吧"是一个有着极强执行力的团队，而强大的执行力又来自两方面：稳定的核心技术团队和高度的"试错容忍度"。唱吧很重视用户体验，有一支稳定的核心技术团队，因为有共同的理念，大家有着高度一致的目标，就是把产品做好，因此在工作上都能从公司的角度考虑产品怎么做，业务怎么推广，掺杂的私人因素就少很多。

同时，"唱吧"的管理者们也给了团队极大的弹性工作空间，只从战略层面制定方向和目标，具体战术和打法，个人可以按照自己的步骤来，鼓励每位员工担当与创新。"唱吧"对员工的"试错"容忍度很高，他们认为创业的过程也是一个试错的过程，很多宝贵的经验，都是在错误和失败中总结出来的，而管理者不能只发号施令让员工执行，员工也不能靠推着走赶着走遵照领导意思走，最重要的还是"自我驱动"。划定下限，给予空间，在这里面可以尽情发挥，如果发现方向错了，就及时掉头。"一般每做一项新业务或技术，我们会有一个基础资源和时间配备，比如三个月、半年不等，在这个时间节点内，有进展就有资源，没进展可能就会及时砍掉止损。你会发现给到的空间越大，人的创造能力就越大，尽管也会有错，但多试几次就会越来越对，越来越好，有一天已经完全超出你的预期。"

马云有句名言，员工离开，要么是钱没给够，要么是心里委屈了。互联网企业的薪资水平远高于一般行业，"唱吧"也不例外，而且"唱吧"更注重团队的企业文化建设，增强团队归属感。比如"唱吧"的新员工培训，培训期间有两天时间是大家互相认识、一起打球吃饭娱乐时间，以此增进新员工之间的互相了解，同时也为以后在不同岗位的顺畅合作打下基础。再比如"轮岗制"，在某个时间段里，"唱吧"员工互相之间会接替对方干一下活儿，让彼此知道对方在做什么、工作的难易度等，这样不仅能增强同事之间的感情，同时某些关键岗位出现空缺时也不至于工作断档。

"唱吧"的团建活动还出名得多，小团队有小团建，全公司有大团建，"一言不合"就全体出国旅游，即使是暂时停下工作也在所不惜。每家成功的互联网企业，都有自己独特的管理理念和企业文化，"唱吧"作为互联网新贵，在企业管理和团队建设上，逐渐走出了一条最符合自己的道路。理念落地 + 技术创新 + 团队管理，不仅让"唱吧"在线上一片红火，同时也将这种成功延续到了线下。陈华团队从传统的 KTV 唱歌需求中汲取灵感，把"独乐乐"的小群体唱歌娱乐变成"众乐乐"的全民狂欢，然后又带着线上的创新理念和技术积累杀回传统的 KTV 实体店。

2014 年 12 月，"唱吧"与线下 KTV"麦颂"合作，用互联网思维经营实体 KTV。与传统的实体 KTV 相比，唱吧麦颂更强调顾客的唱歌聚会和互动社交的核心体验，有多种线上线下的创新现法。比如在 KTV 里一键录音、录制等，用户可以挑选消费时段里自己最满意的作品随时随地分享到线上，甚至通过唱吧进行直播，和线上的好友互动。如此运作，不到三年时间里，"唱吧"在全国线下签约的实体门店超过了 200 家，在传统 KTV 日渐式微的大环境里成功逆袭。同时，唱吧还进入了实体 K 歌亭行业，投资建立了"咪哒唱吧"。目前"咪哒唱吧"已是中国最大的 K 歌亭，在机场、高铁站、商场随处可见它的身影。

术业有专攻。"唱吧"专心服务于每一个人的"想唱就唱"，而"唱吧"的每一个创新、每一次布局，最后都只为一个结果——用户的完美体验。持续创新的理念和技术，优秀的团队执行力和高容忍、自驱动的人才激励管理模式是"唱吧"作为"K 歌之王"王冠上的宝石，是现在和未来的核心竞争力，更是面对任何竞争对手的自信与底气。

Hot Topics
7 热点

社保归
HR 将面临哪些问题

SOCIAL SECURITY TAX, HR WILL FACE WHAT PROBLEMS

如果企业社保缴纳合规是不会有什么影响的，关键是七成企业社保缴纳或多或少不合规，所以对企业及个人来说都有很大影响，尤其对企业来说影响更大。

张雪薇 | 国家人力资源管理师，智联教育特聘导师，某大型建筑设计公司顾问

社保归税时间确定

从 2018 年 4 月社保改税的消息出来后，对于社保归税的问题，大家一直议论纷纷，直到 2018 年 7 月 20 日，中共中央办公厅、国务院办公厅印发了《国税、地税征管体制改革方案》，明确从 2019 年 1 月 1 日起，各项社保费将交由税务部门统一征收，社保归税的问题才告一段落。

第三方发布社保合规报告

据社保第三方专业机构“51 社保”在 2018 年 8 月 24 日发布的《中国企业社保白皮书 2018》报告显示，全国社保合规企业不足三成。

所谓社保合规性主要从三个方面考察，分别是参保及时性、险种覆盖面和基数合规性。及时性指员工入职后是否及时参保；险种覆盖面指是否覆盖到养老、医疗、工伤、失业、生育、住房公积金等社保所要求的所有险种；基数合规性指是否按照真实工资薪酬标准为基数缴纳社保。

报告还显示，在基数合规性方面，完全合格的企业为 27%，有 31.7% 的企业按最低基数下限参保。

社保追缴让企业忧心忡忡

从 2019 年 1 月 1 日起，社保费用将由税务部门统一征收，这样从税务系统中一眼就能看出公司缴纳社保基数与工资个税基数是否一致。于是对于这两项基数不一致的企业又在担心了，是不是以前不合规的都要进行追缴？因为对于社保追缴的消息铺天盖地，而且有些地区已经开始进行追缴了，所以税务是否追缴社保成了相关企业所担忧的事情，对于 HR 来说更是如此，因为老板说了，让 HR 想办法。

人社部发文稳定社保费征收的通知

2018 年 10 月人社部发文，要求不追缴 2019 年 1 月 1 日前的社保欠费，算是在社保费是否追缴问题上给了企业一颗“定心丸”，这对于企业来说无疑是一个好消息，但是对于 HR 来说还必须知道以下四点。

❶ 官方不追缴不代表员工的利益不受保护，员工仍然可以依法维护自身权益。

❷ 2019 年 1 月 1 日后社保必然会被严格稽查。

❸ 不追缴社保不等于可以不缴社保。

❹ 从 2019 年 1 月 1 日起社保缴费基数要合规。

社保归税稽查重点

以北京地区为例，每年社保抽查企业数为 1000 户，什么样的企业容易被审查?

❶ 社保申报缴纳基数比较低，尤其是全员按最低基数缴纳，易被审查。

❷ 有劳动争议的，易被审查。

❸ 欠缴 3 个月以上社保的，易被审查。

❹ 社保缴费基数与工资个税基数不匹配的，易被审查。

❺ 参保人数与工资发放人数不匹配的，易被审查。

社保归税对企业及个人的影响

如果企业社保缴纳合规是不会有什么影响的，关键是七成企业社保缴纳或多或少不合规，所以对企业及个人来说都有很大影响，尤其对企业来说影响更大。

❶ 员工收入降低。

因为社保合规，个人缴纳社保的钱增多了，导致到手的收入减少了，短期看是收入下降了，因此很多员工不乐意，甚至和公司 HR 说能否不按全额工资缴纳社保。

但从长远角度来看，对个人应该是一件好事。因为社保合规，个人社保账户中的钱增多了，退休后可以多领一部分养老金，对个人来说还是有利的。

❷ 企业人力成本上升。

据《中国企业社保白皮书 2018》数据显示，有 53% 的企业人力成本占总成本比重超过 30%，其中 16.2% 的企业人力成本占总成本比重高达 50% 以上。社保基数合规后，企业成本又将上升。

以月工资 10000 元为例（北京地区），如果按最低基数缴纳社保，企业社保成本为 1244.67 元，按实际工资收入缴纳，企业社保成本为 3110 元，增加了约 150%。

社保合规后，大部分企业人力成本会大幅上升，负担大增，因为很多企业都是微利，为了降低成本，不至于亏损，所以企业不得不采取一些措施来应对。

各种有利企业的消息

2018 年 9 月，李克强总理强调“在社保征收机构改革到位前，各地要保持现有征收政策不变，同时抓紧研究适当降低社保费率，确保总体上不增加企业负担。”

2018 年 11 月初，国务院也明确了社保费率将总体下降。

就在各企业为即将到来的 2019 年社保归税发愁之时，2018 年 12 月 27 日“今日头条”刊登了一则消息：企业养老保险暂缓移交税务，多地税局发布公告。这则消息对于企业来说无疑是一个利好，为新征管政策留下了缓冲期，企业可以稍稍松口气了。

人力成本增加，企业采取的措施

❶ 裁员。

最近 HR 圈热议的一个话题就是“裁员”，很多裁员的消息在媒体上广为传播。

虽然裁员和大的经济环境有关，和年底绩效考核结果有关，但是很大一部分还是和社保归税后，企业成本加大有关。

很多 HR 同人都在说，企业为了降低成本，年底前会集中进行裁员，有些企业甚至在 10 月就开始了。

裁员是一件耗神耗力的事情，作为 HR 一定要做好充分准备，安抚好员工的情绪，与员工沟通时站在对方角度，晓之以理，动之以情。另外也要和老板进行沟通，拿出一套折中的办法，尽可能满足公司与员工的需求。

❷ 减少招聘数量甚至停招。

社保归税后企业成本增大，原本计划招聘的岗位也会减少数量甚至停止招聘。对 HR 来说表面看似是一件好事，因为工作量减少了，也不会有人总催着去招聘了。

但是实际情况却是，由于工作量减少，企业从降低成本的角度考虑，是否会降低 HR 现有工资？或者取消 HR 这个岗位？也就是说有可能裁完别人后，自己也可能面临被裁的结局。

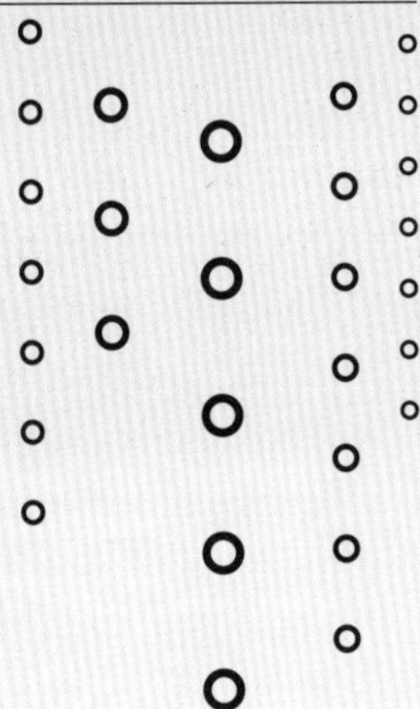

HR应该如何做

按实际工资缴纳社保，这是最理想也最没有风险的，但是很多企业老板并不这样认为，一定要让 HR 想办法来解决。对一名 HR 来说，在合法合规的前提下，可以通过改变人员结构、优化薪酬结构、完善用工模式、人员自由化、外包控制代缴风险等方式来解决。

用工方式的多元化是指可以采取灵活用工的方式，如总公司与分子公司关系、双重劳动关系；全日制与非全日制、劳动与劳务，或者劳动、劳务及合作、劳务派遣等。

优化薪酬结构可以通过优化薪资与福利的结构和占比，以及股权、年底分红等方式来实现。

另外还可以通过工作内容拆分，利用技术外包平台发单接单，巧用国家对小微企业及平台自由职业者税收的优惠政策。

还可以通过人力资源全风险或部分风险外包，达到社保与个税的合规。

未来用工方式多元化是一个趋势，所以 HR 需要在这方面多动动脑子，既要让企业合法合规，又要让企业降低人力成本，同时还能提升员工收入。

虽然有消息说企业养老保险暂缓移交税务，但我们不能存有侥幸心理，一定要做长远规划，才有利于企业发展，有利于个人成长。

三步必备，处理好裁员问题

01 / 02 / 03

严川 | 国家二级人力资源管理师，资深管理作者，上海有帮人力资源管理有限公司合伙人

刚刚过去的 2018 年职场，以一片红火的区块链和一只高冷的青蛙开场，以夭折的比特币和此起彼伏的裁员事件收场。

01 Retrenchment, Layoffs

02.03.

合情合理合法

01 / 02 / 03

在裁员的高压之下，企业的合法合规是问题，员工的顺利交接是问题，被裁者是全力翻旧账还是只谈补偿金是问题，裁员负责人是为民请命还是明哲保身也是问题。

01 Retrenchment, Layoffs

02.03.

刚过去的2018年职场，以一片红火的区块链和一只高冷的青蛙开场，以夭折的比特币和此起彼伏的裁员事件收场。据不完全统计，从2018年6月到7月，共有108家P2P平台“爆雷”，裁员潮在互联网金融领域抢先发生。2018年8月，美团、拉勾爆出裁员信息；10月，阿里、京东等企业不同程度“缩招”……

狄更斯在《双城记》中写道：“这是最好的时代，这是最坏的时代；这是智慧的时代，这是愚蠢的时代；这是信仰的时期，这是怀疑的时期；这是光明的季节，这是黑暗的季节；这是希望之春，这是失望之冬；人们面前有着各样事物，人们面前一无所有；人们正在直登天堂；人们正在直下地狱。”

也许这是当前职场人的切身之感——裁员浪潮中，有人生怕被裁的是自己，有人唯恐裁的不是自己；有人担心裁员，有人期待裁员。

在裁员的高压之下，企业的合法合规是问题，员工的顺利交接是问题，被裁者是全力翻旧账还是只谈补偿金是问题，裁员负责人是为民请命还是明哲保身也是问题。

作为企业HR，尤其是中小企业的HR，在裁员工作中的身份决定了他们需要平衡企业利益和个人利益，需要顾及法律规定和实际困难。一味按照条款来，被裁的第一个就是自己；一味按照企业需求来，则很可能裁到一半就不胜民愤主动辞职。

那么在裁员之下，究竟有没有“完人之术”，应该怎么去处理才是最合适的，合格的HR，在处理裁员问题上，至少需要提前考虑以下三步，进而做出预判，并且原则上这三步不能乱。

01 合情，推动企业与员工的共情

任何一个企业从无到有、从小到大，都是栉风沐雨、披荆斩棘的结果，而公司选择裁员削减业务，无异于壮士断腕、丢车保帅，这份悲情，体会到的人会叹一声“可惜”，体会不到的人会喊一声“可恶”。

作为 HR，在接到裁员指令的时候，首先要考虑的是如何让员工明白企业裁员的真正心情，而不是马上拉出冷冰冰的法律条款，开始各种谈判。

让员工明白企业裁员的心情有如下几个方式。

经营信息分享

某知名券商公司出现了营收锐减，甚至亏损的状况。同时，公司收紧管理，加强KPI考核，并提前跟员工通气，吐露形势不乐观的担忧。这种形势下，一大批人主动或被动离开了公司。

很多员工即使没有被裁，依然选择主动离开了公司。他们说：“从业者要有危机感，裁员或者市场变动，根本不是员工所能预料，有危机感，提前做好准备，并不是一件坏事。”

市场经济时代培养了人们越来越长远的盈亏眼光，互联网信息的爆炸式传播让人们趋利避害的意识越来越强，所以，让员工看到真实的经营信息，比一切解释都有说服力。

企业的当前收入水平，当前支出需求，当前人力成本等每一笔账都让员工看到，员工自然而然会看到企业的无奈和不得已。

企业战略错误分享

成立刚 6 年的某知名互联网公司突然宣布解散旗下企业软件事业部，而被裁的员工在当天下午就被告知集团邮箱等权限将会被注销，且必须在当天下班前离开公司。公司方面给到的补偿金为，满 1 年的工作人员补偿 1 个月工资，不满 1 年的按 1 年计算。员工和舆论哗然，此轮闪电裁员给公司带来了巨大的外部舆情危机。

在实际操作中，很多人是突然知道公司要裁员的。他们一头雾水之下，不理解公司为何要裁员，认为公司刚刚完成融资不久，或者刚刚接了新业务等，便觉得自己是被过河拆桥。他们并不知道，看上去轰轰烈烈的融资或新业务上线，其实是战略决策的矫枉过正，而被裁掉的这一批，就是公司战略错误的代价。

战略错误导致的裁员，是很大一部分企业需要“罪己诏”的地方。企业战略的分享，会让员工看到公司发展的真实脉络，从无到有、从小到大、从大到错，以及如果不裁员，还将错向何方，将会如何集体消亡，这些信息的及时披露，再加上合理的疏导，员工在知晓来龙去脉之后，多半会做出理智的选择。

逐级一对一沟通

退潮后的海边，一个小男孩正沿着海边抓起一条条小鱼扔回海里。这些小鱼因未能跟上退去的潮水，滞留在了海滩上的小水洼里就快要干涸而死。一名游客嘲笑地对小男孩说："别扔了，这么多小鱼，凭你的力量是拾不过来的，再说又有谁在乎呢？"小男孩没有停下，拾起一条小鱼说："这条小鱼在乎。"他又拾起一条小鱼说："这条也在乎。"

很多公司在宣传裁员信息时，会发表一份由创始人或企业负责人写的公开信。且不说这封公开信是不是领导本人所写，真正有心思看完这封公开信的又有几个人？可以说，除非是全员裁员，否则不提倡用这种方式去和员工沟通。

裁员之下，不管本心想走还是想留，每一个员工都想被在乎。所以从上至下的一对一沟通，是必不可少的环节，只有通过一对一的沟通，才能把企业情绪真正贯彻传达，才能由内而外让员工感触到企业的无奈和悲伤。

若说裁员之下有共情，一对一沟通的共情是最强烈的，也是最有效的，通过一对一的共情沟通，让员工彻底明白多说无益，自然而然会考虑怎么走的问题，而非硬要留的问题。

02 合理，推动企业和员工的同理

当全体员工都接受了企业必须裁员这一事实之后，如何好聚好散，成为摆在桌面上的问题。合理性，是 HR 需要考虑的第一个部分。

所谓合理性，就是企业做出什么样的裁员举措，才是大家都能接受的，并且符合各方利益平衡点的。

通常来说，合理的裁员举措有以下几部分。

给予适当的补偿金

企业壮士断腕，不出血是不可能的，所以补偿金的支付是合理需求，而支付多少合适，则是企业与员工的利益平衡点判断。

这里需提醒的是，补偿金不一定就是钱，补偿金的形式可能是现金，可能是假期，可能是多交几个月的社保，可能是提供一段时间的免费工位等。一门心思谈钱，是很难谈出合理性的，HR 在处理这件事情上，情商比智商重要。

给予办理完整的离职手续

一个人离开一家公司，完整的离职手续是对一份职业的尊重。一个人被要求离开一家公司，完整的离职手续则是对一个人的尊重。

这里需提醒的是，离职手续不只是签离职单、退工牌、关闭邮箱，更大的离职手续是心理上的离职感受，HR 在离职手续最后的简短祝福、群体性离职的“毕业合影”等方式，都是让员工体面离开的人性化操作。

协助找到下家

如果说 HR 在员工离职后还能够给到什么直接的帮助，最大的帮助可能就是帮忙找下一份工作。而限于个人能力等因素，可能做不到推荐新工作，却可以为其出具推介信、提供好评式背景调查等。

这里需提醒的是，协助员工找到下家，其实还可以提供简历修改、面试辅导、投递渠道推荐、优质公司推荐、面试通知审查等服务，这对于 HR 都是随手为之，但对于离职员工却是难能可贵的帮助。

03 合法，拉平企业和员工的想法

裁员是一个过程，也是一段心路历程。一个 HR 如果把前两步做好了，法律文本只是参考，几乎是用不到法律手段的，这最后一步其实是走形式而已。而如果裁员最后需要靠法律手段来解决，基本上已经是裁员操作的底线了。

对于走法律渠道维权的裁员操作，我们只能说 HR 有必要熟读各项劳动法律法规、司法解释、当地仲裁案件判决案例等，找到当地仲裁判决的基准线，做好与员工的法律谈判，尽量拉平员工的维权心理预期和企业的赔偿预期，促进双方想法的同步化。

裁员之下，焉有完人。无论企业和 HR 做了什么努力，裁员的伤害大于其他任何补偿，所以 HR 需要做的就是把裁员中牵涉的各方的利益需求对接、糅合，并在自己能力范围内为员工提供弥补、问心无愧而已。